LE DROIT COMPARÉ

Stefan Goltzberg

LE DROIT COMPARÉ

Que sais-je?

À lire également en
Que sais-je ?

COLLECTION FONDÉE PAR PAUL ANGOULVENT

Michel Troper, *La Philosophie du droit*, n° 857.
Muriel Fabre-Magnan, *Introduction au droit*, n° 1808.
Emmanuelle Tourme-Jouannet, *Le Droit international*, n° 3966.
Stefan Goltzberg, *Les Sources du droit*, n° 4061.

ISBN 978-2-13-080011-8
ISSN 0768-0066

Dépôt légal – 1re édition : 2018, septembre

170 *bis*, boulevard du Montparnasse, 75014 Paris

Introduction

Le droit comparé est plus fréquent, plus utile qu'on le croit : beaucoup de textes juridiques, y compris législatifs, sont le fruit d'une étude comparative, et tous peuvent faire l'objet de l'attention du comparatiste.

Le présent ouvrage se structure en cinq chapitres.

Le premier aborde la question de la comparaison, présente les fonctions du droit comparé, les différents types d'objets et de genres littéraires du droit comparé.

Le deuxième chapitre retrace l'origine et le développement du comparatisme, entendu comme une pratique aussi ancienne que le droit lui-même et comme une discipline récente, conséquence de la création des premières chaires de droit comparé. Le droit romain a longtemps joué le rôle de paradigme pour une classification donnant lieu à une *summa divisio* entre droit romano-germanique et *common law*. Les présupposés de cette division canonique se voient explicités, et ses limites – notamment les exclusions auxquelles la division invite – exposées. Les systèmes mixtes résultent inévitablement de cette *summa divisio.*

Le troisième chapitre porte sur les greffes juridiques. Les pessimistes (depuis Hotman) s'opposent aux promoteurs de la possibilité et de l'opportunité des greffes (depuis Bentham jusqu'à Watson). Ce sont des règles que l'on greffe, mais également des principes, voire des raisonnements, par exemple la définition, la réduction téléologique ou le principe talmudique du *miggo*.

Le quatrième chapitre envisage la pragmatique de la citation. On y distingue les fonctions des citations étrangères. La notion de prise en charge du discours permet alors de saisir les inflexions que subissent les citations. La chaîne de transmission des autorités s'illustre typiquement dans le cas de l'*isnād* du droit musulman. Les *amici curiae* figurent parmi ces autorités non contraignantes, qui nourrissent le débat de manière oblique.

Le cinquième chapitre introduit le lecteur à la logique juridique comparée, notamment aux variantes herméneutiques qui existent entre des cultures juridiques différentes. La disparité des types de motivations de justice révèle un aspect particulièrement intéressant du droit comparé. Certains procédés sont envisagés, comme la présomption, la fiction ou encore la preuve[1].

1. Je tiens à remercier pour leurs précieuses relectures Sabine Amsellem, Christophe Gurnicky, François-Xavier Licari et Xavier Thunis.

CHAPITRE PREMIER

L'approche comparatiste

I. – Quel comparatisme ?

Le droit comparé n'est pas une branche du droit. Il est une façon de décrire n'importe quel aspect du droit. En effet, chaque époque de l'histoire du droit, chaque règle, institution, phénomène juridique se laisse approcher sous un angle comparatif. Il est d'ailleurs stimulant d'apprendre les règles du contrat simultanément dans différents pays. Mais le droit comparé est encore parfois perçu comme une matière quelque peu ancillaire : il relèverait de la culture générale plus que de la connaissance du droit. Or, l'étude du droit et sa pratique reposent très largement sur la comparaison entre des règles d'époques différentes, des solutions différentes, des institutions. La notion même de comparaison est frappée de suspicion par la sagesse populaire, parfois relayée par les comparatistes eux-mêmes. Plusieurs proverbes relativisent le bien-fondé des comparaisons : *comparaison n'est pas raison*, *on ne compare pas des pommes et des poires*. Arrêtons-nous sur chacun de ces proverbes. *Comparaison n'est pas raison* signifie qu'une comparaison n'emporte pas nécessairement la conviction. Voilà une idée à laquelle adhérerait tout comparatiste. Le proverbe *on ne compare pas des pommes et des poires* souligne les dangers d'une comparaison entre objets *trop* différents. Tout dépendra du *trop*. En revanche, il peut être pertinent de comparer des pommes et des poires en fonction de leur prix ou de leur origine. Ces proverbes ne mettent pas en question la comparaison dans son essence, mais uniquement la comparaison excessive ou inopportune.

Excès du droit comparé : parallélomanie et parallélophobie

La parallélomanie est la tendance à surinterpréter certaines ressemblances (Samuel Sandmel, « Parallelomania », 1962). On peut distinguer deux cas : (1) la ressemblance est avérée mais sans lien de causalité clairement établi ; (2) la ressemblance n'est pas avérée, du moins les différences sont tellement nombreuses que l'on aurait de bonnes raisons de réévaluer la ressemblance superficielle. Oswald Spengler verse dans la parallélomanie dans *Le Déclin de l'Occident. Esquisse d'une morphologie de l'histoire universelle*. À la suite d'une comparaison entre les *prudentes* de la nation chrétienne, les *rabbins* de la nation juive et les *ulemas* de la nation arabe, il ajoute : « Les formes sont exactement les mêmes partout. » Plus généralement, déceler sans nuances le même mécanisme dans le droit romain et le droit de *common law* revient souvent à verser dans la *parallélomanie*.

À l'inverse, le *parallélophobe* refuse jusqu'à la possibilité de la comparaison de deux droits, aussi proches soient-ils. La conscience suraiguë des faux amis (termes apparentés mais désignant des réalités différentes) conduit le relativiste à déposer les armes du comparatiste, sous le prétexte que traduire, c'est trahir. Concluons : la comparaison prudente évitera la témérité (*parallélomanie*) et la lâcheté (*parallélophobie*).

Le droit comparé gagne à être rapproché de la linguistique comparée. La grammaire *comparée* étudie des langues parentes (l'allemand et le néerlandais, appartenant aux langues germaniques) alors que la grammaire *contrastive* compare des langues qui ne sont pas nécessairement apparentées (français et chinois). Le droit comparé suppose la comparabilité de deux droits, comparabilité facilitée par leur proximité et leur parenté. En revanche, il est possible de mettre en regard deux cultures juridiques nullement apparentées, comme le droit musulman et le droit chinois[1].

II. – Fonctions du droit comparé : connaissance, modification du droit, interprétation

Le droit comparé remplit plusieurs fonctions que l'on peut, en simplifiant, réduire à deux principales : une fonction de connaissance et une fonction de modification (au sens large) du droit. Le droit comparé

1. Il existe également des études ethnographiques sur le droit musulman *en* Chine, par exemple M. Erie, *China and Islam : The Prophet, the Party, and Law*, New York, Cambridge University Press, 2016.

contribue à une meilleure connaissance de l'état du droit à travers l'espace et le temps. À cette fonction de connaissance s'ajoute celle de modification du droit. Or, le droit peut être modifié de bien des manières. Le juriste peut s'inspirer de l'état du droit d'un autre État, d'une autre époque (l'historien du droit est un comparatiste) ou d'une autre branche du droit. Lorsque l'on envisage d'adopter ou d'abroger une règle, le droit comparé peut servir d'*argument* : à titre d'encouragement si la règle en question a produit des effets souhaitables, et de découragement si elle a produit des effets délétères. Au sein de la notion de modification du droit, on peut insérer l'interprétation du droit. Lorsqu'un aspect de la règle n'est pas précisé, le droit comparé peut aider à sélectionner la manière d'interpréter la règle ou certains aspects de la procédure.

Voici un usage éloquent du droit comparé :

> Après avoir tué, en France, sa maîtresse et sa mère, un meurtrier surnommé le « sage » de Boullay-les-Troux revient en Belgique. Sur le conseil d'un avocat, il est convaincu qu'il doit commettre un meurtre en Belgique pour échapper à la guillotine française. Il tue donc un de ses anciens professeurs, un jésuite belge, et se constitue prisonnier en Belgique pour échapper à l'échafaud. Le « sage » de Boullay-les-Troux fait-il du droit comparé[1] ?

---

1. X. Thunis, « L'empire de la comparaison », in Fr. van der Mensbrugghe (dir.), *L'Utilisation de la méthode comparative en droit européen*, Namur, Presses universitaires de Namur, 2003, p. 5. L'auteur répond : « Il procède en tout cas, de façon pragmatique, à une comparaison

Ce fait divers, tragique puisqu'il s'agit de sacrifier la vie d'un ancien professeur belge et jésuite pour optimiser sa peine de prison, pourrait être adapté en remplaçant le meurtre par une domiciliation, et le droit pénal par le droit fiscal : il arrive, de fait, que des Français choisissent la nationalité belge pour des raisons de fiscalité. L'exemple montre combien le droit comparé n'est pas l'apanage des juristes (à supposer que le « sage » ne fût point juriste), mais il se révèle mobilisable par tous les utilisateurs du droit, c'est-à-dire par quiconque désire mieux connaître le droit ou le modifier.

Entre les deux fonctions du droit comparé – description et modification du droit – se dessine une boucle, puisque l'évolution du droit se manifeste à la fois comme un *phénomène* à décrire au moyen de l'histoire du droit qui n'est jamais que du droit comparé diachronique, et comme une *conséquence* possible de la pratique du droit comparé.

III. – Méthodologie : le fonctionnalisme, variantes et critiques

La méthodologie retient l'attention des comparatistes. Le droit comparé spontané est aussi ancien que le droit ; le droit comparé institutionnalisé apparaît, lui, tardivement.

---

quantitative proche d'une analyse coût-bénéfice bien connue en analyse économique du droit. »

On peut distinguer au moins quatre courants, que l'on pourrait diviser en deux groupes : d'une part, le fonctionnalisme et l'analyse économique et, d'autre part, l'école culturaliste et les études juridiques critiques. Les deux premiers courants partagent la vision du droit comparé sous l'angle de la résolution de problèmes (*problem-solving*). Les deux derniers courants adoptent une posture critique, voire subversive, à l'endroit des deux premiers : ils s'inscrivent contre la réduction du droit à une résolution de problèmes.

1. **Fonctionnalisme et analyse économique du droit.** Pour le fonctionnaliste, les règles remplissent une fonction, répondent à un problème. Pour peu qu'un même problème se pose dans deux droits différents, il y a lieu de comparer les solutions respectives qui y sont apportées[1]. L'on suppose la similitude jusqu'à preuve du contraire : *praesumptio similitudinis*. On ne peut dès lors comparer que les règles qui remplissent une même fonction[2]. La recherche suit cinq étapes :

(1) l'identification d'un problème en termes fonctionnels ;
(2) le choix des droits à comparer ;
(3) la description de ces droits ;
(4) l'identification des similitudes et des différences ;
(5) une évaluation critique.

1. M. Siems, *Comparative Law*, Cambridge, Cambridge University Press, 2014, p. 25-40.
2. K. Zweigert et H. Kötz, *An Introduction to Comparative Law* (1977), trad. T. Weir, Oxford, Oxford University Press, 1998 (3e éd.), p. 32-47. Ce manuel a été traduit dans plusieurs langues, mais pas en français.

Une autre approche par résolution de problèmes est la méthode du *noyau commun* (*common core*) de Rudolf Schlesinger (1909-1996) et le projet Cornell, qu'il a dirigé. Schlesinger n'a pas formulé les problèmes juridiques en termes abstraits (« contrat », « préjudice », « faute »). Il a plutôt soumis des scénarios – des cas – formulés en termes non techniques à un ensemble de juristes. Schlesinger cherchait surtout à identifier les similitudes des solutions apportées à un même problème dans différents droits. Le caractère quelque peu statique de ces descriptions a conduit Rodolfo Sacco à proposer une approche par formants juridiques (c'est-à-dire, en gros, par paramètres juridiques), censée rendre compte de l'évolution des institutions juridiques[1]. Ainsi, le Trento Common Core Project prolonge le Cornell Project, mais en formulant les questionnaires dans les termes de la théorie des formants[2] puisque le « nombre de formants, ainsi que l'importance de chacun d'eux, varient d'un système à l'autre[3] ». Et pourtant, on est en droit de s'interroger sur l'opportunité de recourir au vocable « formant » : ce terme technique de phonétique (désignant les fréquences vocaliques résultant de l'interaction des

1. R. Sacco, « Legal Formants : A Dynamic Approach To Comparative Law, Instalment I of II », *American Journal of Comparative Law*, vol. 39, n° 9 (1991), p. 1-34.
2. M. Bussani et U. Mattei, « The Common Core Approach to European Private Law », *Columbia Journal of European Law*, vol. 3 (1997), p. 339-356.
3. R. Sacco, *La Comparaison juridique au service de la connaissance du droit*, Paris, Economica, 1991, p. 48.

cavités articulatoires) se révèle en effet moins utile au droit comparé qu'à la description des sons[1].

Le fonctionnalisme suppose qu'il est possible d'identifier des *équivalences fonctionnelles*. Or, pour que deux actions soient fonctionnellement équivalentes, il faut que leur différence n'importe pas. Jerry Fodor compare les réponses linguistiques aux réponses de rats de laboratoire provoquées par des *stimuli*. Pour une expérience de laboratoire, il importe peu, dit-il, que le rat ait appuyé sur le bouton avec sa patte droite ou gauche, ou qu'il l'ait fait doucement ou avec force : la seule chose qui compte, c'est qu'il ait appuyé sur le bouton. À l'inverse, il n'est pas possible de faire abstraction de toutes ces différences en linguistique – y compris lorsque l'on compare deux énonciations d'un même énoncé[2]. Il semble que la réaction antifonctionnaliste en droit comparé recèle une intuition proche de celle de Fodor : nous pouvons avoir l'*impression* que deux réponses différentes ont été apportées à un même problème. Pourtant, il n'est pas certain que deux cultures se posent le *même* problème ; il est donc périlleux d'identifier deux réponses comme fonctionnellement équivalentes.

Plusieurs voix se sont élevées contre cette approche fonctionnaliste et certains ont même suggéré de supposer, à l'inverse, que les institutions juridiques étaient

1. P. Martin, « Les formants vocaliques et le barrissement des éléphants », *Histoire, épistémologie, langage. Histoire des théories du son*, vol. 29, n° 1 (2007), p. 9-27.
2. J. Fodor, « Could Meaning be an r_m ? », *Journal of Verbal Learning and Verbal Behavior*, vol. 4, n° 2 (1965), p. 74.

différentes jusqu'à preuve du contraire : *praesumptio dissimilitudinis*[1]. Mais avant d'étudier les deux approches antifonctionnalistes, présentons une variante de l'approche fonctionnaliste.

L'**analyse économique du droit comparé** est présentée tantôt comme une alternative à l'approche fonctionnaliste, tantôt comme son prolongement. Cette approche évalue la qualité des solutions juridiques en fonction d'un critère explicite : l'efficacité. Le point de départ est l'idée selon laquelle les règles de droit (ainsi que les institutions elles-mêmes) sont en compétition les unes avec les autres. La greffe juridique est, du point de vue de l'analyse économique du droit comparé, un mode compétitif de circulation des règles, des méthodes, des principes et des raisonnements juridiques[2].

Face au fonctionnalisme et à sa variante économique, nous trouvons au moins deux courants antifonctionnalistes : l'école culturaliste et les *critical legal studies*.

2. **Culturalisme et *critical legal studies*.** – L'école culturaliste met en avant la nécessité d'étudier le droit dans son contexte historique et culturel. Une analyse faisant fi des facteurs culturels se priverait de toute compréhension du phénomène juridique. Il n'y a rien de plus erroné, pour ce courant, que l'idée de règles

1. Cette critique s'inspire notamment de G. Frankenberg, « Critical Comparisons : Re-thinking Comparative Law », *Harvard International Law Journal*, vol. 26, n° 2 (1985), p. 411-455.
2. Sur la greffe juridique, voir *infra*, chap. III.

qui voyageraient d'un monde juridique à l'autre. Si l'on décèle facilement une résonance romantique – l'idée d'un *Volksgeist* propre à chaque nation –, c'est plutôt la prise en compte de la dimension sociologique qui se trouve explicitement revendiquée par cette approche.

Les *critical legal studies* (abrégées en *crits*) critiquent le projet de fondation du droit. L'objectif est cette fois la déconstruction du récit officiel juridique, ainsi que des grandes oppositions qui sous-tendent le discours juridique, comme l'opposition entre droit public et droit privé, entre chose et personne. Duncan Kennedy entend par exemple montrer que l'opposition entre droit public et droit privé est une construction fragile présentant de multiples failles. Il parle à ce propos de *loopification*, phénomène qui consiste, pour toute opposition dogmatique, à « craquer » dès lors que le regard critique se porte sur elle[1]. On perçoit une inspiration du courant culturaliste et de philosophes français comme Jacques Derrida, Gilles Deleuze, ou encore de théoriciens allemands de l'interprétation, comme Hans-Georg Gadamer. La démarche consiste à dénoncer volontiers des dogmes trop répandus.

Malgré l'apparente hétérogénéité des approches, la plupart des travaux comparatistes convainquent qu'il

1. La *loopification* succède chez Duncan Kennedy à la *continuumization* et à la *stereotypification* ; voir D. Kennedy, « The Stages of the Decline of the Public/Private Distinction », *University of Pennsylvania Law Review*, vol. 130, n° 6 (1982), p. 1349-1357, en particulier p. 1354.

faut procéder non à un refus du fonctionnalisme mais, si besoin, à un ajustement[1] : il convient de rester attentif aux fausses similitudes, aux différences difficilement perceptibles, plutôt que de rejeter purement et simplement tout projet de comparaison.

IV. – Objets

Toute comparaison suppose au moins deux objets comparés. Mais quels sont dès lors ces domaines ou objets que l'on compare ? La liste des domaines reste ouverte : culture juridique, tradition juridique, système juridique. En ce qui concerne les objets, il peut s'agir des sources du droit, des branches du droit mais également d'autres aspects du droit.

Les *domaines de la comparaison* varient selon leur époque, leur taille, leur fonction. Si de nombreux manuels de droit comparé utilisent des États comme domaines de la comparaison, il est fréquent que ces États soient rangés au sein de catégories plus larges, comme les *familles ou traditions juridiques*[2]. Si plusieurs systèmes étatiques peuvent relever d'une même tradition (ou famille) juridique, plus d'une tradition se révèle présente au sein d'un même droit étatique.

1. M. Adams et J. Bomhoff, *Practice and Theory in Comparative Law*, Cambridge, Cambridge University Press, 2012, p. 12-15.
2. H.P. Glenn, *Legal Traditions of the World. Sustainable diversity in law* (2000), Oxford, Oxford University Press, 2014 (5e éd.).

Traditions romaniste et germanique en droit du travail

La relation de travail est, en Europe, conceptualisée par deux traditions culturelles : la tradition romaniste et la tradition germanique. La première connaissait la *locatio hominis*, variété de louage des choses appliquée aux humains : un maître louait à autrui la jouissance d'un esclave. Cette approche romaniste, dite « contractuelle », sera reconduite par Pothier (1699-1772). Éminemment compatible avec le capitalisme économique, elle culminera au XIXe siècle. On pourra alors objectiver le corps du travailleur et le faire travailler dans des conditions extrêmes. La seconde tradition remonte à l'ancien droit germanique. La relation avec le travailleur n'est pas tant contractuelle que personnelle, statutaire. Le contrat de vassalité fait naître un lien personnel de fidélité réciproque. Le travail n'oppose plus abstraitement les parties à un contrat ; il est saisi comme une *situation d'appartenance personnelle à une communauté.* Alors que la tradition romaniste repose sur le *contrat* abstrait, la tradition germanique repose sur le *statut* concret.

Comme l'explique Alain Supiot (*Critique du droit du travail*, Paris, Puf, 1994), le contrat de travail contemporain a opéré la synthèse des conceptions romaniste et germanique. Plus précisément, l'approche contractuelle l'a emporté, mais en intégrant des éléments statutaires, personnels : certains droits et devoirs du salarié et du patron sont désormais définis indépendamment de leur volonté (par la loi, la convention collective ou les usages).

V. – Sources du droit et types de droit

Les sources du droit peuvent être définies comme les prémisses du raisonnement juridique[1]. Comptent parmi les sources notamment la loi, la coutume, la jurisprudence ou la doctrine (cette liste ne fait pas consensus). On comparera des règles de droit, mais également des ensembles de règles plus organisés, voire codifiés. Les principes généraux du droit, les maximes, s'offrent également à la comparaison. Les branches du droit constituent un objet privilégié des comparaisons : droit comparé des contrats, droit pénal comparé, droit constitutionnel comparé, etc. Enfin, la procédure civile ou pénale peut également faire l'objet de comparaisons : il est possible de mettre en regard les règles qui président au déroulement du procès (on parle également du droit processuel ou judiciaire). De telles comparaisons sont d'autant plus prisées qu'elles s'inscrivent dans des projets européens d'unification ou d'harmonisation.

Peut-on comparer n'importe quels droits ? Trois cas de figure se dégagent. Premièrement, certains comparatistes excluent du droit comparé les droits qui ne satisfont pas à tel ou tel critère de juridicité, comme les règles secondaires de Hart (qui permettent d'identifier et de modifier les règles primaires, obligatoires). Le cas de la Chine est à cet égard éloquent. On a longtemps

1. Cette définition est proposée dans S. Goltzberg, *Les Sources du droit* (2016), Paris, Puf, « Que sais-je ? », 2018 (2e éd.).

affirmé que son droit était surtout pénal et que le droit privé n'y existait pas. Or, en Occident, c'est volontiers le droit privé, voire le droit des obligations, que l'on considère comme la grammaire de l'ensemble du droit. L'autre élément apparemment essentiel à tout droit faisait défaut aux Chinois : ce que les anglophones appellent la *rule of law*, que l'on pourrait traduire ainsi : « le gouvernement par les normes ». Si la *rule of law* est inhérente au droit, et si la Chine s'est longtemps caractérisée par le gouvernement par les hommes (*rule of men*), il n'y a qu'un pas à franchir pour considérer que l'Empire chinois est ou a été dépourvu de droit. Des civilisations aussi prestigieuses que la culture chinoise se voient dès lors exclues[1].

Mais peut-on comparer ces cultures supposément non juridiques à une culture juridique ? Si l'on se prêtait à cet exercice, que se passerait-il ? Il semble qu'il ne se passerait rien de particulier : l'exclusion de certaines cultures ne présentant pas toutes les conditions nécessaires et suffisantes pour valoir comme droit au sens contemporain du terme ne semble pas emporter d'avantages. Cette exclusion appauvrit simplement le corpus sans emporter la conviction. Ensuite, certains droits ont brillé par un tel degré d'ignominie que l'on hésiterait à en faire un terme de la comparaison. Peut-on en effet comparer le droit nazi au droit français ? En fait, si l'on abandonne l'idée manifestement fausse que comparer, c'est identifier, on ne voit pas

1. T. Ruskola, *Legal Orientalism. China, the United States, and Modern Law*, Cambridge (Massachusetts), Harvard University Press, 2013.

pour quelle raison on ne pourrait pas comparer le droit nazi – qui ne fut pas chimérique mais *monstrueux*[1] – à un autre droit.

Pour finir, si l'on accepte de prendre comme terme de comparaison quelque chose dont on n'est pas certain que ce soit du droit, si en outre on envisage de comparer le droit nazi à un autre droit, n'y aurait-il pas au moins une limite à poser : celle des droits inexistants ? Cela s'est fait sous au moins deux formes. D'une part, il est fréquent que les comparatistes ou la doctrine montent en épingle un droit dont ils proposent, le cas échéant, de se distinguer : on procède alors souvent à une description imaginaire du droit en question. Par exemple, le droit talmudique est régulièrement le lieu d'une opposition entre « eux » (le courant sadducéen) et « nous » (le courant pharisien). D'une manière assez régulière, le droit applicable des sadducéens n'est invoqué que pour décrire le fait que les pharisiens ne suivent pas la même règle. Mais il arrive également que l'invocation du droit des sadducéens ait comme objectif de modifier le droit applicable pharisien, *afin que* la différence soit maintenue entre les deux courants concurrents. Nous sommes proches ici du sophisme de l'homme de paille (*strawman*) qui consiste à réfuter une thèse que personne ne soutient ou ne pourrait soutenir[2].

1. O. Jouanjan, *Justifier l'injustifiable. L'ordre du discours juridique nazi*, Paris, Puf, « Léviathan », 2017, p. 15.
2. S. Goltzberg, *L'Argumentation juridique* (2013), Paris, Dalloz, 2017 (3e éd.), p. 73.

La deuxième manière de prendre pour objet de comparaison un droit inexistant consisterait à sélectionner non pas seulement un droit dont on aurait forcé les traits (l'homme de paille) mais un droit vraiment inexistant, voire fictionnel. C'est ainsi que procèdent de nombreuses utopies. Thomas More compare terme à terme le pays d'où il provient et le pays qu'il appelle Utopie : « en ce pays-ci tous les biens sont privés, tandis qu'en Utopie toutes choses sont communes[1] ». Il s'agit là d'une théorie de la propriété diamétralement opposée. Le nombre de lois y fait également l'objet d'une comparaison : « Ils ont bien peu de lois, et s'en contentent parce qu'ils sont bien régis et gouvernés, et blâment spécialement cette chose chez les autres nations, à savoir que d'infinis livres de lois et d'interprètes ne leur suffisent pas[2]. » L'auteur semble plaider contre une telle inflation, et il aurait pu mener cette argumentation en invoquant un droit existant. Il est certes possible qu'il n'en ait pas trouvé. Mais le principe demeure : son propos joue le même rôle qu'une comparaison de deux droits existants. Il n'y a dès lors pas de raison d'exclure sans autre forme de procès le corpus juridique fictionnel (ou hypothétique). Enfin, le fait qu'un texte soit fictionnel ne signifie pas que l'objet de la fiction soit faux ou inexistant : un roman peut très bien décrire un droit attesté

1. T. More, *L'Utopie*, trad. J. Le Blond revue par B. Aneau et modernisée par G. Navaud, Paris, Gallimard, 2012, p. 93.
2. *Ibid.*, p. 171.

historiquement et une fiction peut ne contenir que des énoncés vrais[1].

VI. – Genres littéraires juridiques

Les sources du droit sont des prémisses du raisonnement juridique, mais également, prises collectivement, des genres littéraires. La théorie des genres littéraires, qui prend son essor au XIXe siècle et porte surtout sur la notion de littérature, distingue les genres selon la taille, la fonction, l'organisation, la modalité d'énonciation, la forme versifiée ou non[2]. Le droit peut à son tour faire l'objet d'une description par genres littéraires : seront alors comparées, outre les paramètres cités ci-dessus, la nature de leur autorité et la force contraignante.

Dépeindre le code en vers

En 1811, le Code civil fut l'objet d'une réécriture dans le *Code Napoléon mis en vers français*, publié anonymement par Benoît-Michel Decomberousse. Cette *versification à droit constant* rend un son bien différent.
Le fameux article 1382 du Code civil, devenu aujourd'hui article 1240, énonce : « Tout fait quelconque de l'homme, qui cause à autrui un dommage, oblige celui par la faute

1. S. Goltzberg, « Is the Bible Fiction ? », *Faith & Philosophy*, vol. 31, n° 3 (2014), p. 625-636.
2. J.-M. Schaeffer, *Qu'est-ce qu'un genre littéraire ?*, Paris, Seuil, « Poétique », 1989.

duquel il est arrivé à le réparer ». Il a été mis en alexandrins classiques :

Le fait produit par l'homme, et quel que soit ce fait,
Lorsqu'il est pour autrui la cause d'un dommage,
Met celui dont il est par sa faute l'ouvrage
Dans l'obligation d'en réparer l'effet.

Du point de vue de l'énonciation, certaines sources sont présentées comme proférées par une personne particulière (le roi) ou un groupe particulier (« We the People of the United States… », alors que d'autres prologues de constitution parlent à la troisième personne : « La Nación española… ») ou bien de manière impersonnelle (« Tout fait de l'homme… »). Les juristes romains, d'après Savigny, travaillent tous pour ainsi dire à une seule et même grande œuvre[1] – au point que « les juristes romains étaient des personnes fongibles », donc interchangeables[2]. L'équivalent linguistique de cette fongibilité serait la forme impersonnelle, voire le pronom « on » qui, dans les adages, exprime une sagesse populaire partagée. Le mode grammatical est également susceptible de varier : le Code pénal utilise le présent de l'indicatif (« La réduction en esclavage *est* le fait d'exercer à l'encontre d'une personne l'un des attributs du droit de propriété. La réduction en esclavage d'une personne *est punie* de

1. F.C. von Savigny, *De la vocation de notre temps pour la législation et la science du droit* (1814), trad. A. Dufour, Paris, Puf, « Léviathan », 2006, p. 64.
2. *Ibid.*, p. 126.

vingt années de réclusion criminelle », Code pénal, art. 224-1 A). Cela ne signifie pas que le Code pénal se contente de *décrire* et ne prescrive pas : il demeure interdit d'assassiner, même si le texte se contente de décrire les sanctions d'un tel acte (« Le meurtre commis avec préméditation ou guet-apens *constitue* un assassinat. Il *est puni* de la réclusion criminelle à perpétuité », Code pénal, article 221-3).

VII. – Modalités

On distingue différentes modalités, selon qu'un énoncé soit vrai, faux, nécessairement vrai (trivial), nécessairement faux (impossible), ou possible. De même, en droit, un comportement peut être obligatoire, autorisé ou interdit : il s'agit là de catégories modales largement répandues. Des nuances existent, notamment en droit musulman, où les actions humaines se répartissent en cinq catégories (*aḥkām*) : obligatoires (*farḍ*), recommandées (*mandūb*), licites (*ḥalāl*), illicites (*ḥarām*) et blâmables (*makrūh*).

En droit contemporain, la doctrine distingue la description du droit *de lege lata*, c'est-à-dire l'état du droit positif, et *de lege ferenda*, un état du droit *souhaitable*. En outre, on utilise l'opposition entre la règle contraignante et la *recommandation*, par exemple dans les codes de conduite. On parlera alors de *soft law*, par opposition à une vision du droit dépourvue d'une telle granularité. Dans les théories de la guerre juste, on distingue les guerres qu'il est interdit ou permis d'entreprendre. Plus précisément, on oppose les actions excusables – mais qui demeurent mauvaises – aux actions justifiables, ce qui permet de supprimer toute condamnation morale ou juridique.

1. **Rappeler, confirmer, déclarer.** – La pragmatique distingue les actes de langage en fonction, notamment, de la direction d'ajustement. Une *description* suppose un ajustement des mots au monde (*word-to-world*), alors qu'une *promesse* ou un *ordre* imposent un ajustement des mots aux choses (*world-to-word*). Enfin, certains actes ont une double direction d'ajustement : l'énoncé de la peine par le juge ne fait pas que décrire cette peine, mais en constitue la décision. Un même énoncé d'une peine, selon qu'il est prononcé par un journaliste ou un juge, peut produire des actes très différents : simplement descriptif dans le cas du premier et *déclaratif* dans le cas du second[1].

Entre la pure description passive et le changement du droit applicable par la parole, il existe une multitude de possibilités. Ainsi, lorsqu'un opérateur juridique (le législateur ou le juge) énonce une règle, il peut produire les actes de langage suivants : il peut se contenter de *rappeler* le droit applicable – un juge énonce la disposition légale ou la doctrine commentant le droit, mais il peut également *confirmer* une règle mise en doute ou oubliée. Cette confirmation peut apparaître comme une

1. Le verbe « déclarer » est un terme technique recouvrant un sens différent en pragmatique et en théorie des sources du droit. Il faut distinguer l'acte de langage déclaratif signalé par une double direction d'ajustement et le fait de déclarer des droits, terme qui relève cette fois de la théorie des sources du droit.

décision inattendue, si l'on prévoyait un revirement. Il peut enfin *déclarer* une règle, au sens où la Déclaration des droits de l'homme *déclare* des droits qu'elle présente comme indépendants d'elle-même et donc comme des droits transcendant le contexte de son énonciation. C'est pour cette raison que les droits de l'homme ont été présentés comme des sources révélées[1]. Ce n'est pas non plus un hasard si l'on parle de la théorie déclarative du droit, selon laquelle le juge de *common law* ne crée pas le droit mais le révèle. Ce type de verbes (déclarer, confirmer, rappeler) sont, le cas échéant, des euphémismes de l'action véritablement posée par le juge (volontiers décrit par un tiers comme *modifiant* le droit). Toutefois, s'il faut se rendre compte de cette mise en scène, il convient tout autant de ne pas céder au désir de démystifier le droit : une décision législative ou judiciaire est un objet complexe que l'on doit décrire en tenant compte de sa formulation et de sa présentation.

2. **Dialectique, apodictique.** – Les règles connaissent deux types de formulations selon que la règle est exprimée sans raison ni justification apparente – elle est alors *apodictique* – ou qu'elle est accompagnée d'une telle justification, éventuellement longuement argumentée – elle est alors dialectique ou *justificative*. Parmi les droits de l'Antiquité, le droit contenu dans la Bible hébraïque se caractérise par une tendance marquée à l'explicitation des raisons des commandements : *afin que tes jours se prolongent, parce que je suis l'Éternel, afin que...*

1. P. Jestaz, *Les Sources du droit* (2005), Paris, Dalloz, « Connaissance du droit », 2015 (2e éd.).

En revanche, la *mishna* est écrite dans un style opposé, relativement expéditif. La *gemara*, le commentaire savant de la *mishna*, renoue avec cette propension biblique à l'explication, la justification et plus généralement la dialectique[1]. En ce sens, la Bible hébraïque et la *gemara* auraient en commun une dimension *argumentative* et *justificative*, là où la *mishna* illustrerait un style *apodictique* qu'elle partagerait avec la plupart des droits anciens. On pourrait objecter que la *mishna* contient de multiples justifications, mais cela se vérifie encore beaucoup plus dans le cas de la *gemara*. Le caractère apodictique peut, le cas échéant, être loué et revendiqué : Sénèque cite ainsi un philosophe, Posidonios, ayant critiqué le caractère justificatif des *Lois* de Platon. Il fait dire à Posidonios : « Commande, dis ce que tu veux que je fasse : ma tâche n'est pas d'apprendre, mais d'obéir[2]. » Nous voyons donc que le caractère dialectique ou apodictique ne divise pas, au sein de chaque culture juridique, des systèmes juridiques, mais des genres littéraires, des sources du droit. Selon que l'on considère que le texte requiert une justification (dialectique) ou non (apodictique), on autorisera ou non les interprétations téléologiques – notamment la réduction téléologique décrite dans le chapitre III ci-après.

3. **Digestion, assimilation.** – Certains genres littéraires sont plus ou moins dépendants d'autres textes. On peut distinguer deux grandes manières de rendre

1. D. Weiss Halivni, *La Justification de la loi. Midrach, Michnah et Guemara*, trad. F. Deloup Wolfowicz, Modiin, Wolfowicz, 2011.
2. *Ibid.*, p. 22.

compte d'un texte : la paraphrase et le commentaire. La paraphrase *ingurgite*, *digère* le texte, l'assimile et le cas échéant l'occulte : dans les paraphrases des textes d'Aristote, les œuvres de ce dernier ne sont pas conservées. Le commentaire, en revanche, maintient le texte commenté séparé : il l'*inclut* et le transmet. Le commentaire du Code civil s'oppose ainsi à un traité de droit civil, qui ne contient pas (forcément) le code. La romanité se caractériserait par une *secondarité* par rapport au texte transmis : le Romain commente et inclut – ce qui permet une autre lecture du texte préservé –, tandis que la paraphrase est typique, par exemple, de l'œuvre d'Avicenne. Ce dernier représenterait la méthode islamique d'appropriation par incorporation[1]. D'une manière générale, il est utile de distinguer ces deux types de réceptions parce qu'elles ont des effets très différents, la réception par inclusion rendant possible une réappropriation différente du texte inclus, puisque celui-ci est restitué.

Cette différence se manifeste notamment dans la mise en pages. En effet, le commentaire sera parfois rédigé *autour* du texte commenté, qui est donc inclus et non *assimilé*. C'est le cas des commentateurs se penchant sur les textes de droit romain et des glossateurs. Le Talmud, dans sa mise en pages classique due à l'imprimeur calviniste Daniel Bomberg (1483-1553), organise la lecture croisée des textes : la *mishna*, en hébreu et imprimée en gros caractères, est placée au

1. R. Brague, *Europe, la voie romaine*, Paris, Gallimard, « Folio Essais », 1992, p. 140.

centre de la page et se voit suivie de son commentaire, la *gemara*, dans des caractères similaires. Autour de ces textes situés au centre de la page, le commentaire de Rashi est disposé sur le côté intérieur de la page du Talmud, dans des caractères différents, d'origine sépharade, et porte sur des mots ou des passages de la *mishna* ou de la *gemara*. De l'autre côté, à l'extérieur de la page, on trouve les *tosafistes*, qui « ajoutent », réagissent au commentaire de Rashi, dans la même écriture que Rashi. Les développements se montrent plus longs et dialectiques, et se départissent de la méthode de Rashi, de la glose mot par mot. Autour de ces commentaires médiévaux, on trouve encore, selon les éditions, d'autres commentaires. De façon générale, plus le texte figure au centre de la page, plus il témoigne de l'ancienneté de la source du droit et fait autorité. Plus le texte est périphérique, plus la source du droit se révèle récente et plus il est envisageable de ne pas *suivre* cette autorité.

VIII. – Taille

Les genres juridiques varient en taille : il y a d'abord les genres de forme courte, comme les adages, les principes généraux du droit, mais aussi des règles figurant dans des ensembles plus vastes, comme un code. À l'autre extrémité du continuum, nous trouvons non seulement des textes anciens comme la Bible hébraïque, le Coran, mais également les textes compilés et codifiés sous Justinien : tel est le cas du Digeste notamment, de nombreux codes modernes français, allemands, italiens ou japonais. Entre l'adage et le traité ou le code, des formats intermédiaires sont rédigés : le contrat, la constitution, la lettre décrétale.

La taille du texte peut constituer un *indicateur*. Comparez la taille d'un contrat d'un pays de *common law* et d'un pays de droit romano-germanique : souvent, le contrat du premier sera plus long, plus précis, voire touffu. Cette différence de taille s'observe également au sein d'un même droit. Ainsi, la taille moyenne d'un contrat de prêt en République tchèque serait passée entre 1989 et 1999 d'une à vingt pages[1]. Cette évolution est due à l'influence de différents modèles culturels sur le droit tchécoslovaque, depuis la chute du mur de Berlin.

Le contrat commercial allemand se montre beaucoup plus concis que son homologue anglo-américain et, dit-on, de meilleure qualité : on aurait donc intérêt à adopter la technique allemande[2]. En simplifiant, on peut dire que les contrats américains, très longs, possèdent de nombreuses précisions et du jargon juridique (*legalese*). En outre, les premières versions des parties au contrat y divergent considérablement pour converger à la fin des négociations quelque part entre les deux propositions initiales. Le contrat allemand, deux fois plus court, contiendrait moins de précisions et de jargon juridique (pas toujours absent du Code civil allemand).

1. A. Boldizar et O. Korhonen, « Out of a Tangled Skein into the International : The Development of Legal Culture », *Annual Survey of International & Comparative Law*, vol. 5, n° 1 (1999), p. 163-204.
2. C.A. Hill et C. King, « How do German Contracts do as Much With Fewer Words ? », *Chicago-Kent Law Review*, 2004, p. 889-926.

Enfin, les versions initiales proposées par les parties montrent beaucoup de similitudes : la version finalement négociée n'est pas à ce point différente des versions initiales. Prenons l'exemple du choix du tribunal compétent en cas de litige. Voici des formulations types de contrats américain, allemand et français :

– clause américaine : « The exclusive forum for the resolution of any dispute under or arising out of this agreement shall be the courts of general jurisdiction of *** and both parties submit to the jurisdiction of such courts. The parties waive all objections to such forum based on forum non conveniens » ;

– clause allemande : « Ausschließlicher Gerichtsstand ist *** ».

Heureusement, la clause à la française se rapproche davantage de cette dernière :

– clause française : « Les litiges découlant du présent contrat seront soumis exclusivement au tribunal de *** ».

La différence de taille des contrats commerciaux américains et allemands s'expliquerait notamment par le caractère plus homogène des acteurs allemands – les parties au contrat aux États-Unis pouvant différer plus largement. En outre, le principe de bonne foi, s'il existe dans les deux pays, revêt une force plus grande en Allemagne que dans les pays de *common law*, de sorte qu'il n'est pas nécessaire de tout préciser dans le contrat allemand. Enfin, la législation prévoit de façon beaucoup plus détaillée qu'aux États-Unis la manière d'interpréter les contrats, y compris les contrats commerciaux. Ce ne sont donc pas exactement les mêmes sources du droit qui prennent en charge la résolution des lacunes, des ambiguïtés et des imprécisions dans les deux systèmes, ce qui explique la différence de taille des contrats. Inversement, on ne s'étonnera pas que la législation soit plus longue dans des pays où les contrats sont plus brefs.

Statut des « négociations précontractuelles »

Un accord de principe existe dans les droits européens sur la liberté dans les relations précontractuelles : on est libre tant qu'on n'a pas signé le contrat. Ce qui varie, c'est la mesure du contrôle de cette liberté. Le droit anglais connaît une grande liberté dans les relations précontractuelles : jusqu'au dernier moment des négociations, on peut se rétracter (*freedom of non contract*). Ce principe est toutefois atténué par le devoir de négocier de manière responsable (*duty to negotiate with care*). Le mécanisme de *misrepresentation* limite la liberté, puisqu'il interdit d'énoncer une affirmation fausse ayant déterminé la décision de l'autre contractant. En outre, le principe *caveat emptor* exprime combien ce n'est pas tant au vendeur d'informer qu'à l'acheteur de se renseigner. Les droits allemand et français connaissent en revanche l'obligation d'information. Le droit allemand est marqué par le devoir de loyauté ; selon la théorie de la *culpa in contrahendo* (Jhering), le simple fait d'entrer en pourparlers constitue déjà un véritable contrat. Cette théorie eut du succès en Italie et en France (chez Saleilles notamment). En droit français, les négociations précontractuelles ne constituent pas un vrai contrat, mais sont gouvernées par le principe de bonne foi : celui qui n'agit pas de bonne foi *abuse* de sa liberté de contracter. La liberté y est contrôlée par la responsabilité délictuelle. Sur toutes ces questions, voir R. Cabrillac, *Droit européen comparé des contrats*, LGDJ, 2016 (2e éd.).

Outre ces objets juridiques, le droit comparé peut se pencher sur des aspects relevant de perspectives métajuridiques, comme la sociologie du droit, la science politique, l'économie de l'administration de la justice, la linguistique juridique. En ce sens, l'anthropologue étudiant une culture juridique est par essence un comparatiste ; le linguiste des textes juridiques ne l'est pas moins. L'analyse en sciences politiques des institutions et des organisations peut également avoisiner le droit comparé.

CHAPITRE II

Origine et développement du comparatisme

I. – La pratique du droit comparé

Le droit comparé est le plus vieux métier du monde (juridique). Si nous voyons cette discipline émerger au XIXe siècle, ce n'est pas qu'auparavant le droit comparé ne se pratiquait guère, mais qu'il n'était pas encore nécessaire d'y consacrer une discipline à part entière. En effet, l'État étant pensé progressivement comme détenant le monopole de la production des normes juridiques, le geste consistant à s'inspirer d'un autre ordre (ou désordre) juridique n'allait plus de soi. La comparaison fluide des règles au Moyen Âge devait céder le pas à une séparation entre les différents ordres nationaux. Mais comme il est utile de comparer les droits afin de procéder à la modification de son propre droit, une discipline a vu le jour. D'autres disciplines se voient d'ailleurs accorder au XIXe siècle des chaires de comparatisme : chaire de littérature comparée (en 1895 à Lyon), de linguistique comparée (en 1821 à Berlin).

En 1900, on ne perçoit déjà plus le droit comparé comme une discipline isolée du droit positif. Raymond

Saleilles (1855-1912) reproche à l'école historique du droit de ne pas se tourner vers le droit contemporain, et entend promouvoir le droit comparé comme instrument au service du droit civil. Dans la foulée, Édouard Lambert (1866-1947) voit dans le droit comparé un levier pour mener des actions en droit national[1].

II. – Précurseurs de la discipline

Le grand âge du droit comparé est acquis si l'on remet en question l'idée d'un partage entre un âge préjuridique et un âge juridique[2]. À quoi ressemblaient donc les premiers comparatistes ?

La *Collatio Legum Mosaicarum et Romanarum* (*Recueil de lois mosaïques et romaines*), également connue sous le titre *Lex Dei* (*Loi de Dieu*), fut rédigée au IVe siècle : elle est parfois considérée comme le premier essai de comparaison systématique de deux

---

1. C. Jamin, « Le vieux rêve de Saleilles et Lambert revisité. À propos du centenaire du congrès international de droit comparé de Paris », *Revue internationale de droit comparé*, vol. 52 (2000), p. 733-751.

2. Beaucoup d'auteurs reprennent les critères de Hart pour diviser l'histoire du droit en prédroit et droit à proprement parler. Voir J.-L. Halpérin, « La distinction théorique entre règles constitutives et règles contingentes est-elle opératoire en histoire du droit ? », in N. Laurent-Bonne et X. Prévost (dir.), *Penser l'ordre juridique médiéval et moderne. Regards croisés sur les méthodes des juristes*, Paris, LGDJ, « Contextes », 2016, p. 173-190 ; ou, dans le même volume, F.F. Martin, « La normativité, la juridicité et la lente construction du droit moderne », p. 111-156.

droits[1]. Seize chapitres mettent en parallèle des lois issues du Pentateuque (hormis la Genèse, qui contient très peu de règles) et des lois romaines. Chaque chapitre commence par une citation biblique, suivie d'une série de parallèles attribués (parfois à tort) notamment à Papinien, Paul, Ulpien, Gaius et Modestin. Les chapitres, qui invoquent des lois éparses, semblent suivre la progression des cinq derniers commandements du Décalogue[2] : chaque citation biblique contient de multiples aspects associés à l'un des commandements.

Numéro des commandements	*Objets de chaque chapitre*	
(6) Tu ne tueras pas	1	Homicide
	2	Blessure grave
	3	Cruauté envers les esclaves
(7) Tu ne commettras pas d'adultère	4	Adultère
	5	Stupre
	6	Inceste
(8) Tu ne voleras pas	7	Vol
(9) Tu ne feras pas de faux témoignage	8	Parjure
	9	Règles d'admission des témoignages

1. R.M. Frakes, *Compiling the Collatio Legum Mosaicarum et Romanarum in Late Antiquity*, Oxford, Oxford University Press, 2011.
2. Mommsen avait émis une réserve quant au dernier des seize chapitres, qui selon lui constituait le début d'une autre partie, laquelle ne nous est pas parvenue.

Numéro des commandements		*Objets de chaque chapitre*
(10) Tu ne convoiteras pas	10	Dépôt
	11	Vol de bétail
	12	Incendie volontaire
	13	Déplacement des bornes
	14	Enlèvement
	15	Astrologues, sorciers, manichéens
	16	Héritage

Par exemple, le premier chapitre mentionne un passage issu des Nombres, XXXV, où il est question du sort – la peine de mort – réservé à celui qui tue son prochain au moyen d'une arme en fer ou d'une pierre. Les textes romains qui, dans la *Collatio*, font suite à l'extrait biblique invoquent l'autorité du juriste Paul : *Qui hominem occidit, aliquando absolvitur et qui non occidit, ut homicida damnatur* (« celui qui tue un humain est parfois absous tandis que celui qui ne le tue pas est condamné pour homicide »). On ne sait si l'auteur était juif ou chrétien, mais à l'évidence son objectif était de montrer la convergence du droit biblique et du droit romain. Nous sommes à l'orée du Moyen Âge. On a pu dire que le droit de la seconde moitié du Ier millénaire serait, à l'exception des droits celte et islandais, dépourvu de juristes[1]. Pour autant, les

1. J.A. Brundage, *The Medieval Origins of the Legal Profession : Canonists, Civilians, and Courts*, Chicago et Londres, The University of Chicago Press, 2008, chap. II.

utilisateurs du droit, experts et conseillers juridiques ne manquaient pas[1].

Le droit commun européen fait suite à la redécouverte, vers 1100, du corpus du droit romain : le *corpus iuris* de Justinien[2]. Le droit néoromain, droit commun écrit, deviendra dans presque tous les pays d'Europe la base commune de l'enseignement universitaire. L'élément romain sert de base au droit canonique – et non l'inverse. Le *ius commune*, droit savant de tout l'Occident, s'oppose au *ius proprium*, le droit propre à chaque région ou ville. L'identification des *iura propria* et de leur articulation avec le *ius commune* constitue, sous la plume des glossateurs et plus encore des commentateurs (post-glossateurs), un exercice typique de droit comparé, même si la discipline n'est pas encore consacrée comme telle. Ajoutons que le caractère subsidiaire du *ius commune*, et donc le fait que le *ius proprium* prévale, ne justifie pas forcément que l'on parle d'une hiérarchie des normes, hiérarchie dont il pourrait être question si les villes où s'appliquent ces deux droits étaient des États souverains. Il vaut mieux parler de pluralisme juridique[3].

1. T. Herzog, *A Short History of European Law. The Last Two and a Half Millenia*, Cambridge (Massachusetts) et Londres, Harvard University Press, 2018, chap. III.
2. Pour une approche diachronique et comparative sur le *ius commune*, voir A. Wijffels, *Introduction historique au droit. France, Allemagne, Angleterre*, Paris, Puf, « Thémis Droit », 2014 (2e éd.), p. 201-224.
3. P. Grossi, *L'Europe du droit*, trad. S. Taussig, Paris, Seuil, « Faire l'Europe », 2011, p. 71.

Un partage s'opère entre les pays de droit coutumier, au Nord de la France, et les pays de droit écrit, où le droit romain était directement applicable. Un mouvement de mise par écrit des coutumes suscite en Occident un travail de comparaison des droits. Plus précisément, les coutumes sont établies par des experts issus d'ailleurs, et ce, à des fins de neutralité. Par la suite, le roi adoptera la coutume de Paris qui se généralisera : elle est l'une des sources de ce qui deviendra le Code civil.

Le texte de la *Lex Dei* – par lequel nous commencions cet aperçu historique – fut remis à l'honneur par Cujas, qui aida Pithou à éditer le texte[1]. D'ailleurs, selon Gabriel Tarde, les débuts du droit comparé sont à situer au XVIe siècle[2]. François Baudouin a été considéré comme le premier comparatiste, notamment pour son *De institutione historiae universae et eius cum iurisprudentia coniunctione prolegomenon libri II*, de 1561. Hotman, menant une charge contre les romanistes du Moyen Âge (le *mos italicus*) et le droit romain antique – voir son *Antitribonien* –, se livre à une comparaison des différents droits appliqués en son temps.

L'avènement de juristes nationaux, à la charnière des XVIe et XVIIe siècles, donne une impulsion à la littérature des *differentiae* (littérature contrastive). Le

1. X. Prévost, *Jacques Cujas (1522-1590), juriste consulte humaniste*, Genève, Droz, 2015, p. 95.
2. G. Tarde, « Le droit comparé et la sociologie », *Bulletin de la Société de législation comparée*, 1900, p. 529.

dramaturge et juriste anglais William Fulbeke (1560-1616) propose en 1601 un parallèle entre les trois systèmes de son temps et surtout de son pays, comme l'indique la fin du titre : *Parallele or Conference of the Civil Law, the Canon Law and the Common Law of this Realme of England.* Paulus Busius (vers 1570-1617) publie entre 1608 et 1614 une comparaison des droits coutumiers et romains, dans le *Commentarius in Universas Pandectas Domini Justiniani, cum Differentiis Consuetudinum Communium, et Germaniae, Galliae, Belgicae, Singularium, Juris Canonici* [...]. Il y montre combien le droit romain de son époque, influencé par le droit canonique, a dévié du droit romain classique. Nous restons là dans le droit comparé interne, c'est-à-dire sur un seul territoire. Il faut attendre, pour un droit comparé externe – portant sur des pays ou des ordres juridiques séparés dans l'espace –, Selden, Grotius, Vico ou encore Montesquieu. Chacun de ces auteurs passe d'ailleurs pour le père du droit comparé[1].

Gottfried Wilhelm Leibniz (1646-1716), dès son jeune âge, appelait de ses vœux une description panoramique des droits à travers l'espace et le temps. Il nomma ce projet de cartographie un *theatrum legale*. Cette expression évoque l'image du *theatrum mundi*, le « théâtre du monde », expression très

1. Annelise Riles a édité un ouvrage parlant des maîtres du droit comparé, dont le plus ancien est Montesquieu. A. Riles (dir.), *Rethinking the Masters of Comparative Law*, Oxford et Portland (Oregon), Hart Publishing, 2001.

courante à la Renaissance et dont la première formulation remonte au moins au *Policraticus* de Jean de Salisbury (1159)[1]. Le *theatrum legale* de Leibniz est l'une des œuvres non écrites de l'histoire du droit comparé. Pourquoi n'a-t-il pas écrit son *theatrum legale* ? Nous l'ignorons. Il ne désirait sans doute pas renoncer à ses exigences (notamment d'exhaustivité). Une autre raison tient à la difficulté du projet : comment représenter diachroniquement l'histoire comparée des droits sur une page ? Ce genre de difficulté reste d'actualité. Les auteurs ont chaque fois privilégié soit une époque, soit une branche du droit, soit certains aspects du droit (Montesquieu ne parle guère du droit privé). Pour autant, le projet de créer un *theatrum legale* demeure dans les esprits. On en entend encore parler sous la plume de comparatistes comme William Twining, Ran Hirschl ou Gábor Hamza. Ce projet de fondation est intimement lié au désir de l'école du droit naturel moderne de fonder rationnellement le droit naturel. On distingue deux méthodes : la méthode *a posteriori*, qui dégage les *universaux* des droits existants, et la méthode *a priori*, qui fonde véritablement les éléments essentiels à tout droit. Grotius pratiquait la méthode *a posteriori*, ce qui fait de lui un véritable comparatiste, tandis que Pufendorf privilégiait la méthode *a priori*, ce qui fait de lui un tenant de l'axiomatisation du droit.

1. E.R. Curtius, *European Literature and the Latin Middle Ages* (1953), Princeton, Princeton University Press, 1990.

L'un des candidats au titre de père du droit comparé (contemporain) est Friedrich Carl von Savigny (1779-1861) : *De la vocation de notre temps pour la législation et la science du droit*[1]. L'auteur, inspiré par Burke et Herder, se livre à une triple comparaison : des différentes sources du droit (coutumes, principes généraux du droit, lois, codes), des différents droits (en particulier le droit romain et le droit civil en Allemagne) et des trois nouveaux codes (le Code Napoléon, le Code prussien et le Code autrichien). Il n'hésite pas à émettre des jugements de valeur, par exemple en affirmant que le XVIIIe siècle allemand aura été très pauvre en grands juristes[2]. Savigny reconnaît à Montesquieu une indépendance et une énergie louables, mais considère que son travail a été entravé par la « nullité totale de l'école juridique de son temps[3] ». Son approche se révèle très intégrée : les trois types de comparaisons s'articulent pour soutenir sa thèse fondamentale, selon laquelle il ne faut pas (encore) de code en Allemagne – son éminent disciple Bernhard Windscheid militera, lui, en faveur d'une telle codification. Le modèle français du Code Napoléon constitue pour Savigny un échec qui se verrait aggravé s'il était imité en Allemagne. Savigny décrit plusieurs moments :

1. F.C. von Savigny, *De la vocation de notre temps pour la législation et la science du droit*, *op. cit.*
2. *Ibid.*, p. 73.
3. *Ibid.*, p. 110.

(1) les peuples jeunes, qui ont une conception précise de leur droit mais qui ne sont pas en mesure de l'exprimer, faute de maîtriser la langue et la logique ;
(2) les époques de décadence, auxquelles manque la connaissance de la matière et de la langue ;
(3) l'époque intermédiaire, le sommet de la culture juridique. Cette époque ne ressent pas le besoin d'un code : « elle pourrait le préparer pour une époque ultérieure, comme on constitue des provisions pour l'hiver[1] ».

Le paradoxe est le suivant : soit les époques ne sont pas en mesure de réaliser un code (époque jeune et époque de décadence), soit elles n'en présentent pas le besoin (époque intermédiaire). Pour Savigny, le fait que Justinien ait pu mener à bien sa codification est symptomatique d'une époque de décadence[2], de la codification d'un droit passé.

Savigny passe au crible trois codes. Le Code Napoléon est sans doute le pire : il servait à Napoléon comme un « fer de plus pour enchaîner les peuples[3] ». Ses multiples défauts résultent du fait que les juristes français, hormis Pothier, connaissaient mal le droit romain. Savigny interroge le rapport problématique au passé. En effet, le Code Napoléon abroge le droit antérieur, non seulement là où ce dernier se serait montré contraire au Code,

1. *Ibid.*, p. 62.
2. *Ibid.*, p. 64.
3. *Ibid.*, p. 79.

mais aussi dans toutes les matières touchées par le Code[1]. Le Code prussien possède deux avantages : sa rédaction a été effectuée avec patience et sérieux, et il devait entrer en vigueur comme droit subsidiaire au « droit romain, au droit commun saxon et aux autres droits et lois subsidiaires[2] ». Frédéric II entendait interdire toute interprétation de son code, qu'il souhaitait à la fois simple, populaire et complet. Finalement, le Code prescrira que le juge prenne en considération la *ratio legis* et sollicite les principes généraux du code. Le Code autrichien et le Code prussien puisent leur origine dans le milieu du XVIIIe siècle. Le premier ne visait pas autant l'exhaustivité que le second, mais invoquait des concepts généraux, dont Savigny critique le caractère imprécis[3] ainsi que le recours au droit naturel. En conclusion, les défauts de ces trois codes ne portent pas sur des déficiences particulières que l'on pourrait corriger, mais touchent au caractère même de l'ensemble.

Ensuite, Savigny demande : que devons-nous faire là où il n'existe pas de code ? Que faut-il faire là où il existe des codes ? Dans le premier cas, il faudrait introduire ou conserver la combinaison du droit commun et des droits locaux : la fameuse articulation du *ius commune* et des *iura propria*. Le passé, et plus largement le sens du passé, le sens historique, doit en

1. *Ibid.*, p. 87.
2. *Ibid.*, p. 90.
3. *Ibid.*, p. 97.

effet, selon Savigny, se voir reconnaître une place importante : « l'empire du passé sur le présent pourra se manifester même là où le présent s'oppose délibérément au passé[1] ». Les partisans de la codification, entreprise rationnelle par excellence, semblent souffrir d'une certaine myopie – et d'une ignorance – eu égard au passé : « nous voyons encore quotidiennement des gens qui ne considèrent leurs concepts et leurs opinions juridiques comme purement rationnels que parce qu'ils en ignorent l'origine[2] ». Contre l'idée d'un code se prononçant sur tout, Savigny préconise un usage modéré de la législation, à laquelle il n'incombe pas, par exemple, de trancher des controverses se présentant rarement dans la pratique[3].

Là où il existe des codes, en particulier en Prusse et en Autriche, il ne s'agit pas de les abroger, mais d'éviter d'en faire un traitement erroné. Il convient de continuer à étudier leurs sources historiques – les juristes préoccupés uniquement des sources récentes se révèlent moins performants. L'école de Bartole, qui prend pour objet la glose rédigée par les glossateurs médiévaux, est de moindre valeur que les glossateurs commentant le droit romain antique.

1. *Ibid.*, p. 104.
2. *Ibid.*, p. 105.
3. *Ibid.*, p. 113.

Romanistes et germanistes

L'école historique du droit a connu une séparation entre les romanistes et les germanistes, chaque courant se concentrant sur une époque : les romanistes sur le droit romain antique ou pandectiste, laissant aux germanistes la période précédant la *Rezeption*, donc le droit médiéval coutumier. La période suivant la *Rezeption* n'intéressait plus guère, puisque l'élément romain et l'élément germain s'y trouvaient mêlés. Les germanistes ne se sentaient pas suffisamment représentés dans la revue de Savigny, *Zeitschrift für geschichtliche Rechtswissenschaft*, et créèrent donc en 1839 la revue sœur *Zeitschrift für deutsches Recht und deutsche Rechtswissenschaft*. La réunion de ces revues en 1861 ne mit pas fin à l'opposition entre chercheurs. Depuis, heureusement, de nombreux travaux furent publiés (notamment ceux de Wieacker) sur le passage progressif du droit médiéval à l'adoption du *ius commune*.

Selon Savigny, qu'il y ait ou non un code, l'étude scientifique du droit – mission de l'université – se révèle indispensable, car elle assure le maintien et l'amélioration du droit[1].

III. – Classer les droits

La place centrale du droit romain en droit comparé et en histoire du droit ne doit rien au hasard. En effet, il n'est pas seulement l'un des ancêtres de plusieurs droits contemporains (la métaphore d'ancêtre rend

1. *Ibid.*, p. 123.

compte de la multiplicité des ascendants), mais il passe également pour le droit par excellence[1]. En effet, Rome serait, selon bien des auteurs, le berceau du droit. Au point qu'il « serait aussi peu crédible d'apprendre le droit sans apprendre le droit romain, que d'apprendre la géométrie sans apprendre Pythagore et Euclide...[2] ».

De la *lex* au *ius* :
une spécificité romaine irréductible ?

Le titre de l'ouvrage d'Aldo Schiavone est révélateur : *Ius. L'invention du droit en Occident*. Il y décrit la manière dont l'expérience du *ius* se détache de sa matrice religieuse : le pouvoir passe des pontifes (droit oral) aux législateurs (droit écrit). Mais Ulpien, citant l'élégante définition de Celse, voit dans le droit « la discipline rationnelle du bon et équitable, dont certains à juste titre nous proclament les prêtres » : le droit était la chose des pontifes, et au moment où il a été laïcisé, les juristes sont présentés comme ses nouveaux prêtres ! On peut suivre Schiavone sur la spécificité romaine irréductible. Toutefois, a-t-il décrit l'invention du droit ou de la manière romaine de faire du droit ? Le titre et le sous-titre de son ouvrage demeurent ambigus. Vision du droit romain comme archétype de tout droit ou simplement comme illustration particulièrement instructive ?

1. Pour une approche moins optimiste du rôle du droit romain en droit comparé, voir B. Markesinis, *Juges et universitaires face au droit comparé. Histoire des trente-cinq dernières années*, Paris, Dalloz, « Méthodes du droit », 2006, p. 16-20.
2. J.-F. Gerkens, *Droit privé comparé*, Bruxelles, Larcier, « Collection de la faculté de droit de l'université de Liège », 2007, p. 22.

Depuis le renouveau du droit romain au milieu du Moyen Âge, ce système fut scruté par les glossateurs et postglossateurs, pour lesquels il n'avait pas été prévu. La Renaissance connaît une remise en question sinon du droit romain antique, du moins de la masse des commentaires médiévaux qui se sont accumulés dans les marges, au sens littéral, des textes romains. Le *mos italicus*, incarné par Bartole, se voit opposé au *mos gallicus*, le droit romain à la française. La majorité des humanistes juridiques du XVIe siècle se sont élevés contre la perception médiévale du droit romain[1]. Le courant philologique, guidé par Guillaume Budé, entendait appliquer les outils linguistiques pour identifier les interpolations médiévales des textes romains. Le courant historiciste souhaitait montrer l'évolution du droit romain antique, au travers des compilations culminant au VIe siècle dans la codification de Justinien. Le courant systématique visait à remplacer la glose médiévale par une présentation logique, déductive, du droit romain. Dans tous ces courants, on perçoit une forme d'idéalisation du droit romain qu'il s'agit de réhabiliter dans sa pureté.

Certains auteurs, dont Hotman, mettront en cause non seulement les commentaires médiévaux, mais également le droit romain classique. À propos du caractère inadapté du droit romain pour régir les réalités du XVIe siècle, Hotman écrit :

1. On se souviendra des mots de Rabelais à propos des juristes. Voir E. Nardi, *Rabelais e il diritto romano*, Milan, Giuffrè, 1962, p. 81-87 et 92 *sq*.

> Tous les hommes sçavans ont de tout temps reçeu et approuvé cette maxime et règle assurée en matière d'Estat que les lois d'un païs doivent être accommodées à l'Estat et forme de la République et non la République aux lois [...]. Il n'y a moyen ni apparence de se servir en un estat populaire du droit public accommodé à une monarchie, ny au contraire de celui d'une démocratie à une monarchie[1].

Le droit romain a servi et sert encore, dans une certaine mesure, de modèle pour la description des différents systèmes. Mieux : il fait office d'étalon à l'aune duquel on mesure la distance de chaque système avec le droit romain. Si aujourd'hui le droit romain passe pour la source de la famille romano-germanique comprenant le droit français, par opposition à la *common law*, il est piquant de lire sous la plume du juge James Kent (1763-1847), auteur des *Commentaries on American law*, que le droit anglais trouve ses origines dans le droit romain[2]. L'origine romaine, donc prestigieuse, du droit anglais le rendait apparemment plus acceptable.

1. Cité dans C. Oudin, *De l'unité de l'Esprit des lois de Montesquieu* (1910), Genève, Slatkine, 1970, p. 231.
2. J.H. Langbein, « Chancellor Kent and the History of Legal Literature », *Columbia Law Review*, vol. 93 (1993), p. 570.

Paysan, officier et marchand : prismes du droit comparé

Le romaniste Rudolf von Jhering, dans des conférences intitulées *La Lutte pour le droit* (1872), distingue plusieurs types d'utilisateurs du droit, chacun luttant pour *son* droit et, par conséquent, pour *le* droit. L'officier sera prêt à dépenser une fortune pour laver une injure ; le paysan, insensible quand il s'agit de son honneur, tiendra à sa propriété comme à la prunelle de ses yeux. Enfin, le marchand, indifférent à la mise en cause de son honneur et peu regardant au sujet de sa terre, poursuivra avec assiduité son débiteur : « Le crédit est pour le marchand ce qu'est pour l'officier l'honneur, ce qu'est pour le paysan la propriété. » Chaque type renvoie à un système juridique. L'État militaire punira le plus sévèrement celui qui salit l'honneur de l'officier, mais ne verra dans le déplacement des bornes qu'un simple délit, tandis que l'État agricole poursuivra ce délit avec la dernière rigueur. L'État commerçant sera intransigeant avec la falsification des monnaies et le faux en général.

IV. – La *summa divisio* et ses présupposés

L'opposition entre systèmes romano-germaniques et systèmes de *common law* est ancienne. John Fortescue (vers 1385-vers 1479), dans le *De laudibus legum angliae* (*Éloge des lois anglaises*), propose l'une des premières comparaisons entre le droit anglais et le droit civil romain, notamment en ce qui concerne la procédure judiciaire et le droit de la preuve[1]. Il s'agit d'un plaidoyer pour la supériorité du droit de *common law* sur le droit d'origine romaine[2]. Matthew Hale (1609-1676), élève de John Selden (1584-1654), se souviendra de cette opposition lorsqu'il écrira *The History of the Common Law of England*. Toutefois, malgré l'ancienneté de la distinction entre *common law* et droit romain, ce sont d'autres divisions qui règneront au XIXe siècle.

Ernest Glasson compare les législations des principaux pays d'Europe[3] : (1) les législations où domine l'élément romain (Italie, Espagne, Portugal, Roumanie, Grèce) ; (2) celles où l'influence du droit romain ne se serait pas fait sentir (Angleterre, pays scandinaves, Russie) ; (3) celles où les éléments romain et germanique auraient fusionné (France, Allemagne, Suisse). Dans la même veine, en 1900, Esmein retient les groupes latin, germanique, anglo-saxon, slave, voire musulman. Henri Lévy-Ullmann, en 1922, met en regard trois « grands systèmes » selon les sources du droit : (1) le système continental, concernant les pays de droit écrit ; (2) celui des

1. M. Langer, « In the Beginning was Fortescue : On the Intellectual Origins of the Adversarial and Inquisitorial Systems and Common and Civil Law in Comparative Criminal Procedure », in B.A. Ackerman, K. Ambos et H. Sikirić (dir.), *Visions of Justice. Liber Amicorum Mirjan Damaška*, Berlin, Duncker & Humblot, 2016, p. 273-299.
2. W. Hug, « The History of Comparative Law », *Harvard Law Review*, vol. 45, n° 6 (1932), p. 39.
3. E. Glasson, *Le Mariage civil et le divorce dans l'Antiquité et dans les principales législations modernes de l'Europe*, Paris, G. Pedone-Lauriel, 1880 (2e éd.).

pays anglophones suivant la *common law* ; (3) le droit islamique.

À l'inverse, certains auteurs relèvent plus d'affinités entre la casuistique du juriste de *common law* et le juriste romain qu'entre ce dernier et le système logique de son héritier contemporain[1]. En 1950, Pierre Arminjon, Boris Nolde et Martin Wolff dégagent trois systèmes apparentés et des systèmes dérivés[2], avec un total de sept systèmes (français, germanique, scandinave, anglais, russe, islamique, hindou). L'ouvrage se limite au droit privé des peuples de « civilisation moderne ». La classification se veut toutefois « généalogique[3] ».

La même année, René David publie un traité[4] se concentrant sur les systèmes contemporains et négligeant les « droits disparus et les droits primitifs[5] ». Selon lui, deux droits appartiennent à un même système lorsqu'ils sont « fondés sur la même tradition[6] ». Il distingue le point de vue idéologique (les conceptions de la justice) du point de vue technique (technique mise en œuvre pour faire triompher cette conception), même si la distinction reste parfois

1. W.W. Buckland et A.D. McNair, *Roman Law & Common Law. A Comparison in Outline*, Cambridge, Cambridge University Press, 1936, p. XI-XII.
2. *Traité de droit comparé*, Paris, LGDJ, t. I-II, 1950, t. III, 1951.
3. *Ibid.*, p. 47-48.
4. R. David, *Traité élémentaire de droit civil comparé. Introduction à l'étude des droits étrangers et à la méthode comparative*, LGDJ, Paris, 1950, p. 222-225.
5. *Ibid.*, p. 217.
6. *Ibid.*, p. 219.

difficile à établir[1]. Il retient cinq systèmes juridiques : (1) droit occidental (christianisme, démocratie libérale, économie capitaliste) ; (2) droit soviétique (socialiste) ; (3) droit musulman ; (4) droit hindou ; (5) droit chinois.

Nous pouvons constater l'absence de la *summa divisio* : « On s'étonnera principalement, sans doute, de ne pas trouver, dans la classification ici proposée, l'opposition traditionnelle, affirmée par tous les auteurs, entre le système de droit romain et le système de *common law*[2]. » C'est que ces derniers sont, du point de vue idéologique, des droits « bourgeois », comme dit la doctrine soviétique[3].

Le même auteur, en 1964, dans *Les Grands Systèmes de droit contemporains*, jugera cette fois opportun d'élever l'opposition entre droit romano-germanique et *common law* au sommet de sa classification des droits :

(1) droit romano-germanique ;
(2) droit de *common law* ;
(3) droit socialiste ;
(4) droits religieux et traditionnels.

David percevait un rapprochement entre les familles romano-germanique et *common law*, qui constituent un *droit occidental*[4]. En revanche, le droit socialiste s'en distingue par l'existence d'une source unique du

1. *Ibid.*, p. 223.
2. *Ibid.*, p. 225.
3. *Ibid.*, p. 225.
4. R. David, *Les Grands Systèmes de droit contemporains*, Paris, Dalloz, 1964, § 19, p. 27.

droit : le législateur[1]. Ces trois familles « se partagent le monde actuel[2] ». Une catégorie inclut les droits religieux et résiduels, à savoir le droit musulman, le droit de l'Inde, de l'Extrême-Orient et, enfin, les droits de l'Afrique et de Madagascar.

Il faudra attendre les années 1960 pour voir resurgir l'opposition entre *common law* et droit romano-germanique comme *summa divisio*[3]. Zweigert et Kötz publient en 1969 *Einführung in die Rechtsvergleichung*, traduit en italien et en anglais, mais, fait intéressant, pas en français. Ils retiennent cinq critères permettant de distinguer les systèmes ou familles juridiques : leur histoire, leur manière de penser le droit, les institutions qui leur sont propres, les sources du droit et, enfin, l'idéologie. La classification des familles diffère à peine de celle d'Arminjon, Nolde et Wolff :

(1) romaniste ;
(2) germanique (allemand, autrichien et suisse) ;
(3) anglo-américaine ;
(4) nordique (scandinave) ;
(5) famille extrême-orientale (Chine et Japon) ;
(6) les systèmes juridiques religieux (musulman et hindou).

Il est important de signaler la place qu'occupe le modèle allemand, qui forme ici une famille à part entière[4].

1. *Ibid.*, § 20, p. 29.
2. *Ibid.*, § 21, p. 29.
3. M. Pargendler, « The Rise and Decline of Legal Families », *American Journal of Comparative Law*, vol. 60 (2012), p. 1043-1074.
4. *Ibid.*, p. 1055.

Approche personnaliste de l'auteur et approche objective de *copyright*

Le droit d'auteur, typiquement français, détermine de manière personnaliste l'originalité d'une œuvre : l'œuvre originale est le prolongement de l'auteur. La dimension romantique est au cœur de la relation intime entre l'auteur et l'œuvre. L'auteur dispose d'un droit moral développé couvrant notamment le droit de paternité et le droit à l'intégrité : même après la vente d'un tableau, le lien demeure fort entre l'auteur et son œuvre. Les systèmes de *copyright*, typiques des droits de *common law*, sont plus orientés vers l'objet (le produit) et reconnaissent les droits à celui qui aura pris les risques économiques de la production de l'œuvre. Pour le *copyright*, un dépôt fut longtemps nécessaire, à la manière du brevet, tandis que dans l'approche continentale, l'auteur a toujours été protégé du seul fait de la création. Ces distinctions demeurent parfois théoriques, au sens où, en pratique, des convergences se font sentir (notamment par le biais du droit européen), et où certains résultats s'obtiennent par des voies différentes. Ajoutons que des auteurs rejettent la *summa divisio* et rendent compte d'autres modèles, comme le modèle allemand.

V. – Limites de la *summa divisio*

Les limites de la *summa divisio* entre droits romano-germaniques et *common law* sont multiples. Non seulement la *summa divisio* conduit à la vision de deux grandes traditions homogènes – ce qui n'est pas le cas –, mais elle fournit en outre une grille de lecture qui provoque deux types d'éléments résiduels : les systèmes mixtes, que nous décrivons ci-dessous, et les systèmes qui ne relèvent ni de la *common law*, ni du droit romano-germanique, ni même des systèmes mixtes.

Vernon Valentine Palmer retient trois critères des *systèmes mixtes*. Premièrement, tous les systèmes pluralistes ne sont pas mixtes : on n'appellera mixtes que les systèmes puisant au droit continental et au droit de *common law*. Deuxièmement, ce caractère mixte doit se manifester de façon claire : le Texas et la Californie ont absorbé certains éléments du droit continental, mais en quantité insuffisante pour participer des systèmes mixtes. Troisièmement, une constante touche tous les systèmes mixtes : le droit privé relève du droit continental tandis que le droit public est de *common law*.

Parmi ces systèmes, on signalera notamment :

- l'Écosse (le plus ancien des systèmes mixtes, remontant à 1707 selon la date la plus tardive) ;
- le Québec (1763-1774) ;
- la Louisiane (entre 1803 et 1812) ;
- l'Afrique du Sud (vers 1809) ;
- les Philippines et Porto Rico (1898) ;
- Israël (1948).

Seuls l'Écosse et Israël, semble-t-il, ont *décidé* d'adopter un système mixte ; dans les autres cas, cela est apparu comme une obligation. Si les systèmes mixtes contiennent un élément de *common law*, il est issu tantôt de la culture juridique anglaise (Afrique du Sud, le Québec et Israël), tantôt des États-Unis (Louisiane, Porto Rico et Philippines). Dans la plupart des systèmes mixtes, c'est la partie de *common law* qui s'est vue greffée à un droit continental. Israël, en revanche, possédait un droit de *common law* auquel s'est ajouté, dès 1948, un élément de droit continental régissant le droit privé (non commercial). Autre spécificité : au lieu d'une réception judiciaire du droit de *common law*, Israël a expérimenté une réception *législative* du droit continental[1].

VI. – Évolution de l'idée d'évolution

Plusieurs typologies envisagent des stades successifs. Ainsi, les types de droits marqueraient les étapes allant d'un droit dit primitif à un droit plus élaboré ou rationnel. L'idée que le droit soit l'objet d'une évolution peut sembler datée. En effet, les deux derniers siècles ont apporté de nombreux démentis à l'idée que l'évolution du droit suivait une série de stades déterminés. Le régime communiste n'a en effet pas été instauré à la suite du moment capitaliste, puisque l'on est passé d'un régime aristocratique féodal tsariste à un régime communiste. En outre, le moment contractuel a connu, dans les pays occidentaux, un apogée au XIXe siècle, à la suite de quoi le droit du travail et le droit social ont mis en place des dispositifs *limitant* la liberté contractuelle maximale telle que la révolution industrielle encourageait à le

1. V.V. Palmer (dir.), *Mixed Jurisdictions Worldwide. The Third Legal Family*, Cambridge et New York, Cambridge University Press, 2001, p. 54.

faire. Alors que, dans le premier cas, on saute des étapes, dans le second, l'évolution s'effectue en sens inverse, puisque l'on revient à une conception de la liberté contractuelle moins forte. L'idée même d'évolution du droit, par stades nécessaires, semble donc mise à mal. Pourtant, on peut tout de même soutenir que certains changements s'opèrent typiquement dans un sens plutôt que dans un autre. L'essor économique conduit par exemple à des modifications, comme l'assouplissement de certaines procédures en raison du nombre croissant de transactions. Par ailleurs, on peut séparer la chronologie et la typologie. Pour prendre un exemple issu des langues sémitiques comparées, l'arabe classique est attesté comme nettement postérieur à l'hébreu classique : chronologiquement, cela ne fait pas débat. En revanche, certains traits phonologiques de la langue arabe sont *typologiquement* antérieurs à ceux de l'hébreu. L'arabe est à la fois chronologiquement postérieur à l'hébreu et, sur certains points, typologiquement antérieur.

L'idée même d'évolution du droit émerge au XVIIIᵉ siècle. Elle se poursuit au siècle suivant, avant de s'essouffler au XXᵉ siècle. Montesquieu se montre sensible aux répercussions du milieu social et politique sur le droit ainsi qu'aux greffes juridiques (voir chap. III), même si lui-même n'a pas pensé l'évolution du droit. Deux groupes de penseurs vont temporaliser les distinctions de Montesquieu et envisager l'évolution d'un droit à l'autre : en France, notamment Antoine-Yves Goguet (1716-1758), à qui l'on doit *L'Origine des lois, des arts, et des sciences, et de leurs progrès chez les anciens peuples*, publié en 1758 et traduit en anglais presque immédiatement. Goguet envisage la manière dont les populations de chasseurs progressent en domestiquant certains animaux. La notion d'évolution fait ensuite l'objet de recherche de la part d'auteurs écossais : John Dalrymple (1726-1810) et surtout Henry Home Kames (1696-1782), influencés également par Montesquieu, distingueront explicitement différents stades de développement. Adam Smith contribuera à la théorisation de ces comparatismes évolutionnistes en séparant le stade des chasseurs, bergers et agriculteurs et celui des commerçants. Ce travail se verra prolongé par son élève John Millar (1735-1801) qui, sans être totalement déterministe, n'accordait pas, en pratique, beaucoup d'importance aux circonstances fortuites. Par exemple, le renouveau du droit romain ne pouvait pas, selon lui, être causé par la découverte fortuite d'un manuscrit de droit romain.

La publication, en 1861, d'*Ancient Law : Its Connection with the Early History of Society, and Its Relation to Modern Ideas*, de Henry Maine (1822-1888), marque le zénith de la notion d'évolution en droit. Ce livre, qui n'est redevable en rien à *L'Origine des espèces* de Darwin (1859), prend la géologie pour modèle scientifique. Maine, comme Savigny, hisse le droit romain au niveau de parangon, et se concentre sur les droits européens et les sources écrites. Il distingue les sociétés stationnaires (droit indien) et les sociétés progressives (droit romain et droit anglais), ces dernières étant plus rares. Il compare les différentes étapes suivies par le droit romain et par le droit anglais.

Le fameux passage du statut au contrat décrit par Maine ne concerne que les sociétés progressives. Maine explique que, *jusqu'à présent*, l'évolution a suivi un mouvement allant du statut au contrat ; mais ses lecteurs ont généralisé sa thèse et ont vu dans tout passage du contrat au statut une marque d'une régression. Maine, qui cite peu de travaux scientifiques, fut critiqué par des anthropologues, qui lui reprochaient notamment de ne pas avoir pris en considération les sociétés sans écriture, et d'avoir sous-estimé le rôle de la magie et de la superstition dans les premiers droits ; or, certains anthropologues niaient le schème évolutionniste. Maine, quant à lui, ne parlait d'évolution qu'au sein de systèmes ayant écrit leurs règles. Maitland, auteur de *Bracton and Azo*, attaqua Maine sur ses ambitions démesurées et sur ses approximations. Maitland rejetait par exemple l'idée que, dans les anciens droits, la propriété n'ait jamais été individuelle mais uniquement collective.

Paul Vinogradoff (1854-1925), auteur russe devenu professeur à Oxford, reprend, dans *Outlines of Historical Jurisprudence* (1920-1922), le projet évolutionniste de Maine et vise à surmonter les objections de Maitland. Vinogradoff retenait six stades dans l'évolution du droit :

(1) la société totémique (quasiment dépourvue de droit au sens technique) étudiée par les anthropologues ;
(2) le droit tribal, dont les linéaments reposent sur la description des premières sociétés

indo-européennes (on n'y *légifère* point : on *déclare* le droit) ;

(3) le droit municipal (*civic law*), dont l'exemple type est le droit grec, tandis que le droit romain, passé par ce stade, a poursuivi son évolution ;
(4) le droit médiéval, combinaison de droit féodal et de droit canonique ;
(5) le droit individuel, qui a peu à peu remplacé le droit médiéval et culmine au milieu du XIXe siècle ;
(6) le droit socialiste, même si Vinogradoff rejetait le matérialisme marxiste.

Dans son explication, Vinogradoff ne fait pas un emploi constant des critères qu'il a retenus : le passage entre les premiers stades repose sur des considérations sociologiques, tandis que les derniers s'enchaînent comme autant de développements d'idées philosophiques.

Max Weber (1864-1920) a étudié la *rationalisation* du droit, donc l'évolution de l'irrationnel vers le rationnel. Sa typologie, traversée par la distinction (dite hylémorphique) entre forme et matière, privilégie la première. Ainsi, le droit évolue de la casuistique à la codification, du cas à la règle. On *évolue* en passant de la « jurisprudence de cautèle », la « jurisprudence de cadi » ou la « justice de cabinet[1] » dont les principes ne sont pas systématisés, à des codes issus de la philosophie moderne, à la fois formels, rationnels et

1. M. Weber, *Sociologie du droit* (1960), trad. J. Grosclaude, Paris, Puf, « Quadrige », 2013 ; justice de cadi : p. 213 et 298 ; justice de cabinet : p. 213 ; jurisprudence de cautèle : p. 184, 192 et 298.

systématiques. L'apport de Weber tient à la finesse avec laquelle il rend compte des étapes intermédiaires. Il distingue, pour simplifier :

(1) le droit irrationnel substantiel (les cas individuels ne sont pas régis par des règles générales, mais par ce que les anglophones appellent des *rules of thumb*) ;
(2) le droit irrationnel formel (oracles) ;
(3) le droit rationnel (règles générales) substantiel (guidé par des principes non juridiques) ;
(4) le droit rationnel formel (principes juridiques) logique (concepts abstraits).

VII. – Haro sur l'évolutionnisme

L'évolutionnisme anthropologique et juridique, né au XVIIIe siècle, s'éteint au XXe siècle, plus particulièrement dans sa seconde moitié. On lira encore au début du siècle nombre de descriptions des droits « primitifs », souvent assimilés à des pratiques irrationnelles, prémodernes. Différents courants culturalistes et postcoloniaux jetteront l'anathème sur une certaine approche évolutionniste du droit, en pointant la complexité, l'inventivité et le pluralisme inhérents aux cultures non européennes. Cependant, un ensemble de critiques adressées à l'encontre de l'évolutionnisme ne seraient pas exemptes de confusions[1]. Par exemple,

1. A. Testart, « La question de l'évolutionnisme dans l'anthropologie sociale », *Revue française de sociologie*, vol. 33, n° 2 (1992), p. 155-187.

l'évolutionnisme ne peut pas être rejeté sous prétexte que des groupes « primitifs » existent encore ; cela reviendrait à rejeter l'évolutionnisme darwinien sous prétexte que des animaux moins évolués continuent d'exister ! Si l'évolutionnisme prête le flanc à la critique, c'est sans doute pour d'autres raisons, notamment le fait que les auteurs se sont complu à inventer une étape primordiale dépourvue de contradictions. Le monde primordial monothéiste (l'École de Vienne autour du père W. Schmidt), d'où se seraient détachés les polythéistes, ou le monde gynécocratique (Bachofen) évoluant vers le patriarcat, résultent à bien des égards de mondes théoriques rendus nécessaires par esprit de système plus que par l'observation de faits.

CHAPITRE III

Les greffes juridiques

L'histoire des droits est dans une certaine mesure l'histoire des emprunts : d'une branche du droit à l'autre ou d'une culture à l'autre. Il n'est pas certain que l'emprunt d'un droit à un autre soit un phénomène récent ni qu'il soit de plus en plus fréquent[1]. Ces emprunts sont tantôt le fruit d'une décision prise au sommet (*top-down*), tantôt le fait de la base (*bottom-up*). Les emprunts réalisés au sommet sont nombreux : le Code civil français s'est vu greffé dans de nombreux pays, comme la Belgique, et la Constitution belge a elle-même servi de modèle à de nombreux pays au XIXe siècle. Déjà en 1495, le droit romain est reçu en Allemagne : c'est la fameuse *Rezeption*. Selon une légende rapportée par le juriste Symbatios, la Loi des douze tables aurait été empruntée aux Grecs et traduite ensuite en latin[2]. Des auteurs nazis prétendirent même que tout ce que le Décalogue possédait de bon fut emprunté

1. M. Bobek, *Comparative Reasoning in European Supreme Courts*, Oxford, Oxford University Press, 2013, chap. I.
2. Z. Chitwood, *Byzantine Legal Culture and the Roman Legal Tradition (867-1056)*, Cambridge, Cambridge University Press, 2017, p. 16-17.

(donc greffé) à partir des neuf commandements aryens primitifs[1]...

Les greffes réalisées par la base bénéficient, par hypothèse, de moins de publicité et sont parfois passées sous silence. L'emprunt se montre encore plus difficile à identifier dans les cultures juridiques religieuses fondées sur un droit révélé : l'idée même que le droit religieux, surtout lorsqu'il repose sur une théophanie, ait pu emprunter à un autre droit l'une de ses règles est souvent suspecte.

Quelles sont les motivations des tentatives de greffe ? La greffe peut servir notamment de signal : le système receveur fait un pas vers le système donneur[2] de sorte que la greffe procure du prestige aux deux à la fois. Au-delà du prestige, la greffe vise à résoudre un problème de manière plus efficace : l'analyse économique du droit voit dans l'*efficiency* le mobile principal des transplants juridiques[3].

I. – Terminologie

Le terme « greffe » connaît de nombreux concurrents. Parce que la greffe ne se passe pas de façon

1. J. Chapoutot, *La Loi du sang. Penser et agir en nazi*, Paris, Gallimard, « Bibliothèque des histoires », 2014, p. 135.
2. A. Likhovski, « Argonauts of the Eastern Mediterranean : Legal Transplants and Signaling », *Theoretical Inquiries in Law*, vol. 10 (2009), p. 619-649.
3. U. Mattei, « Efficiency in Legal Transplants : An Essay in Comparative Law and Economics », *International Review of Law and Economics*, vol. 14 (1994), p. 3-19.

automatique et fait bouger les lignes, on a pu parler d'« irritants juridiques[1] », et plus généralement de « circulation[2] », « transposition[3] », « migration[4] », « diffusion[5] », « transfert[6] », « traduction[7] », « dialogue[8] », « adaptation[9] », « réception[10] », « formants[11] »,

---

1. G. Teubner, « Legal Irritants : Good Faith in British Law or How Unifying Law Ends Up in New Divergences », *Modern Law Review*, vol. 61 (1998), p. 11-32.
2. E.M. Wise, « The Transplant of Legal Patterns », *American Journal of Comparative Law*, vol. 38 (1990), p. 1-22 ; J.-L. Halpérin, *Profils des mondialisations du droit*, Paris, Dalloz, « Méthodes du droit », 2009.
3. E. Orücü, « Law as Transposition », *International Comparative Law Quarterly*, vol. 51 (2002), p. 205-223.
4. S. Choudhry (dir.), *The Migration of Constitutional Ideas*, Cambridge, Cambridge University Press, 2006.
5. W. Twining, « Diffusion and Globalization Discourse », *Harvard International Law Journal*, vol. 47 (2006), p. 507-515.
6. G. Frankenberg, « Constitutional Transfer : The IKEA Theory Revisited », *International Journal of Constitutional Law*, vol. 8 (2010), p. 563-579.
7. M. Langer, « From Legal Transplants to Legal Translations : The Globalization of Plea Bargaining and the Americanization Thesis in Criminal Procedure », *Harvard International Law Journal*, vol. 45 (2004), p. 1-64.
8. F.G. Jacobs, « Judicial Dialogue and the Cross-Fertilization of Legal Systems : The European Court of Justice », *Texas International Law Journal*, vol. 38 (2003), p. 547-556.
9. D. Nelken, « Towards a Sociology of Legal Adaptation », in D. Nelken et J. Feest (dir.), *Adapting Legal Cultures*, Oxford et Portland (Oregon), Hart Publishing, 2001, p. 7-54.
10. M. Doucet et J. Vanderlinden (dir.), *La Réception des systèmes juridiques. Implantation et destin*, Bruxelles, Bruylant, 1994.
11. R. Sacco, « Legal Formants : A Dynamic Approach To Comparative Law, Instalment I of II », *The American Journal of Comparative Law*, vol. 39 (1991), p. 1-34 ; A. Watson, « From Legal Transplants

« influence[1] », mais également d'« acculturation », « propagation », « importation », « exportation », « communication », « mélange », « mobilité », « assimilation », « souche » ou « scion ».

Le succès de la métaphore de greffe juridique ne doit pas faire oublier le fait que l'image relevait du domaine agricole et non médical, comme on la conçoit aujourd'hui[2].

II. – Optimistes et pessimistes

1. **Montesquieu et les pessimistes.** – Montesquieu n'est pas le premier auteur à exprimer des réserves au sujet de l'emprunt de lois par une autre nation[3]. Fortescue (vers 1385-vers 1479), qui avait comparé le droit anglais et le droit romain, se montrait pessimiste quant aux greffes juridiques[4]. Mais Montesquieu est *connu* pour avoir pourfendu l'emprunt de règles juridiques : le droit dépend dans une telle mesure de la culture dans laquelle il est ancré (aspects climatiques

to Legal Formants », *The American Journal of Comparative Law*, vol. 43 (1995), p. 469-476.

1. M. Broyde, « The Hidden Influence of Jewish Law on the Common Law : One Lost Example », *Emory Law Journal*, vol. 57 (2008), p. 1402-1408.
2. A. Huxley, « Jeremy Bentham on Legal Transplants », *Journal of Comparative Law*, vol. 2 (2007), p. 177-188.
3. Nous verrons que son œuvre ne plaide pas entièrement dans ce sens.
4. M. Langer, « In the Beginning was Fortescue : On the Intellectual Origins of the Adversarial and Inquisitorial Systems and Common and Civil Law in Comparative Criminal Procedure », art. cité.

et géographiques compris) qu'il serait pour le moins étonnant qu'une règle d'une culture donnée siée à une autre. Voici le passage le plus souvent invoqué :

> La loi, en général, est la raison humaine, en tant qu'elle gouverne tous les peuples de la terre ; et les lois politiques et civiles de chaque nation ne doivent être que les cas particuliers où s'applique cette raison humaine. Elles doivent être tellement propres au peuple pour lequel elles sont faites, que c'est un très grand hasard si celles d'une nation peuvent convenir à une autre.
> Il faut qu'elles se rapportent à la nature et au principe du gouvernement qui est établi, ou qu'on veut établir ; soit qu'elles le forment, comme font les lois politiques ; soit qu'elles le maintiennent, comme font les lois civiles.
> Elles doivent être relatives au *physique* du pays ; au climat glacé, brûlant ou tempéré ; à la qualité du terrain, à sa situation, à sa grandeur ; au genre de vie des peuples, laboureurs, chasseurs ou pasteurs ; elles doivent se rapporter au degré de liberté que la constitution peut souffrir ; à la religion des habitants, à leurs inclinations, à leurs richesses, à leur nombre, à leur commerce, à leurs mœurs, à leurs manières. Enfin elles ont des rapports entre elles ; elles en ont avec leur origine, avec l'objet du législateur, avec l'ordre des choses sur lesquelles elles sont établies. C'est dans toutes ces vues qu'il faut les considérer[1].

Que Montesquieu appartienne au courant des germanistes[2], dans la lignée de Hotman, contre le courant

1. Montesquieu, *De l'esprit des lois*, I, 3.
2. *Ibid.*, XI, 9.

des romanistes, ne surprend pas[1]. Il s'exprime parfois explicitement :

> Nos pères les Germains n'admettaient guère que des peines pécuniaires. Ces hommes guerriers et libres estimaient que leur sang ne devait être versé que les armes à la main. Les Japonais, au contraire, rejettent ces sortes de peines, sous prétexte que les gens riches éluderaient la punition. Mais les gens riches ne craignent-ils pas de perdre leurs biens ? Les peines pécuniaires ne peuvent-elles pas se proportionner aux fortunes ? Et, enfin, ne peut-on pas joindre l'infamie à ces peines ?
> Un bon législateur prend un juste milieu : il n'ordonne pas toujours des peines pécuniaires ; il n'inflige pas toujours des peines corporelles[2].

Parmi les germanistes, Hotman s'élevait contre l'adoption d'un droit romain dont il prétendait qu'il n'était pas transposable à la France du XVIe siècle. Au contraire, le droit français doit rester, selon Hotman, un droit germanique, salique, coutumier, aux antipodes du droit romain. En un mot, Montesquieu, comme Hotman, doutait de la possibilité et de l'opportunité d'une greffe juridique, en l'occurrence d'une greffe du droit romain sur le droit français.

1. C. Volpilhac-Auger, *Tacite en France de Montesquieu à Chateaubriand*, Oxford, The Voltaire Foundation, 1993.
2. Montesquieu, *De l'esprit des lois*, VI, 18.

Paradoxe de Montesquieu

On perçoit souvent Montesquieu comme le pessimiste par excellence quant à la possibilité et à l'opportunité des greffes juridiques. Ce serait « un très grand hasard » si les lois civiles et politiques d'une nation pouvaient convenir à une autre. Pourtant, Montesquieu s'inscrit dans le courant des germanistes. C'est des Germains, écrit-il, que les Anglais ont « tiré l'idée de leur gouvernement politique ». Et d'ajouter cette phrase souvent citée : « Ce beau système a été trouvé dans les bois » (*De l'esprit des lois*, IX, 6). Montesquieu s'inspire ouvertement des *Mœurs des Germains* de Tacite. En l'occurrence, ne pas juger seul est un usage qui « tirait son origine des forêts de la Germanie » (XXX, 18). Il faut se rendre à l'évidence : Montesquieu est l'auteur d'un ouvrage décrivant… des greffes juridiques, parfois couronnées de succès, parfois plus hasardeuses, et donc moins réussies.

Certains auteurs, inscrivant l'étude du droit dans l'étude de la société, résistent à l'idée de greffes juridiques, censées expliquer le changement en droit. C'est une allusion à ce mouvement que contient le titre de l'ouvrage d'Alan Watson, *Society and Legal Change*[1] : il prend le contre-pied de la littérature se concentrant sur le changement social plutôt que juridique, *law and social change*. Les recensions de l'ouvrage se révèlent défavorables[2]. Un reproche récurrent porte sur

1. Le chap. IX de l'ouvrage s'intitule « Legal Transplants ».
2. J.W. Cairns, « Watson, Walton, and the History of Legal Transplants », *Georgia Journal of International and Comparative Law*, vol. 41 (2013), p. 637-696, en particulier p. 650.

l'affirmation selon laquelle le droit se dissocierait de la société (*out of step with society*). Abel, notamment, lui reproche d'être un utilitariste qui ne dit pas son nom (*unconfessed utilitarian*[1]). L'année même où Abel publie cette recension, il participe au lancement du colloque sur les *critical legal studies*[2]. Pourtant, « legal transplant » est devenu un terme commun dès le milieu des années 1980[3]. Certains mettront toutefois en question la réalité ou la réussite des greffes juridiques[4].

Pierre Legrand, inspiré par l'existence d'intraduisibles littéraires, soutient que procéder à une greffe juridique relève de l'impossible. La greffe qui ne porterait que sur le texte de la règle ne signifierait rien sans la prise en compte de la culture juridique en question[5] : l'impossibilité de greffer une règle d'une culture juridique sur une autre résulte de l'impossibilité de greffer toute une culture. Il semblerait qu'il y ait dans cette approche une confusion entre deux thèses :

1. R.L. Abel, « Law as Lag : Inertia as a Social Theory of Law », *Michigan Law Review*, vol. 80 (1982), p. 792.
2. J.H. Schlegel, « Notes Towards an Intimate, Opinionated, and Affectionate History of the Conference on Critical Legal Studies », vol. 36 (1984), *Columbia Law Review*, p. 391 et 397.
3. J.W. Cairns, « Watson, Walton, and the History of Legal Transplants », art. cité, p. 660.
4. Pnima Lahav considère par exemple que les greffes d'éléments de droit américain en Israël n'ont guère été un succès : voir P. Lahav, « American Influence on Israel's Jurisprudence of Free Speech », *Hastings Constitutional Law Quarterly*, vol. 9 (1981), p. 21 et 27.
5. P. Legrand, « The Impossibility of "Legal Transplants" », *Maastricht Journal of European and Comparative Law*, 1997, p. 111.

(A) une règle de droit n'est pas nécessairement comprise de la même manière dans la culture receveuse ;
(B) une règle de droit n'a aucun sens une fois greffée.

Alors que la thèse A est certainement vraie, la B est dénuée de fondement : c'est un *non sequitur*. L'approche oscille donc entre deux affirmations, l'une triviale et l'autre fausse. Il est possible de refuser la possibilité ou l'opportunité de *certaines* greffes juridiques voire même de préférer parler d'emprunt, mais que la greffe juridique soit impossible n'a pas été démontré.

2. **Bentham et les optimistes.** – Bentham serait le premier à avoir parlé, dès 1782, de greffe juridique : « The productions of one country are, in course of time, transplanted to another : and the course of cultivation may, in consequence, be changed[1]. » On peut retenir de ce passage que Bentham admet la possibilité d'une greffe juridique, et que la métaphore est agricole, puisqu'elle se prolonge dans la *cultivation*.

Frederick P. Walton (1858-1948), juriste écossais, travailla à Montréal et en Égypte, et enseigna l'histoire du droit romain – autant dire qu'il côtoyait des cultures ayant pratiqué (ou subi) la greffe juridique. Il s'en prit à l'idée de Savigny d'une évolution du droit sans greffe. Contre cette idée – et peu nous importe ici l'exactitude

1. A. Huxley, « Jeremy Bentham on Legal Transplants », *Journal of Comparative Law*, vol. 2 (2007), p. 177-188.

de sa compréhension du romaniste allemand –, Walton soutient que l'emprunt joue un rôle central. Il utilise explicitement l'expression *legal transplantation*. Il annonce l'approche de Watson, à cela près que, contrairement à ce dernier, il ne semble pas considérer que la greffe juridique soit un phénomène déjà ancien[1].

En 1953, René Dekkers (1909-1976) ouvre un chapitre sur l'expansion du droit par ces mots en majuscules : « *LE DROIT SE TRANSPLANTE*[2]. » Il oppose le droit à la littérature : alors que la littérature « se prête mal à la transplantation », le droit est « moins personnel », « ce qui est bon pour tel peuple peut l'être aussi pour tel autre », surtout, ajoute-t-il, « dans le domaine du droit privé ». Le droit « s'étend au-delà de ses frontières, parfois avec une facilité déconcertante ». Cette vision du droit voyageant d'un univers juridique à l'autre marque l'une des étapes menant à Watson.

3. **Synthèse.** – Une position crédible consisterait à conserver l'intuition de Watson tout en éliminant les excès auxquels il se livre volontiers. En effet, William Ewald distingue entre le programme fort de Watson (*the strong Watson*) et son programme faible (*the weak Watson*)[3]. Le premier durcit sa description

1. J.W. Cairns, « Watson, Walton, and the History of Legal Transplants », *Georgia Journal of International and Comparative Law*, vol. 41 (2013), p. 637-696.
2. R. Dekkers, *Le Droit privé des peuples. Caractères, destinées, dominantes*, Bruxelles, Éditions de la Librairie scientifique, 1953, p. 449.
3. W. Ewald, « Comparative Jurisprudence (II) : The Logic of Legal Transplants », *American Journal of Comparative Law*, vol. 43, n° 4 (1995), p. 489-510.

des greffes de règles juridiques : les règles de droit ont la capacité de voyager sans entraves d'un droit à l'autre. Une règle de droit romain s'étant greffée sur le droit byzantin durant des siècles refait surface au Moyen Âge avec le renouveau du droit romain pour ensuite figurer dans des codifications nationales, et finalement être incluse dans une codification extrême-orientale. Ce programme fort est excessif et sous-estime les paramètres qui permettent (ou empêchent) l'emprunt de règles. Mais Watson soutient le plus souvent une vision des greffes en termes de programme faible : certes, les règles migrent, mais uniquement en fonction de certains paramètres. En outre, le sens et la portée des règles tendent à varier selon les cultures où elles sont greffées. Le Watson faible est au fait des contraintes historiques et politiques des greffes juridiques. Une grande partie des critiques adressées encore aujourd'hui à Watson visent son programme fort et non son programme faible. La théorie des greffes juridiques que nous utilisons appartient donc au programme faible, une fois supprimés les excès du *strong Watson*.

III. – Greffe de codes

On transplante parfois des règles isolées ou en vrac. Nombreuses sont également les greffes de codes entiers[1]. Par exemple, la Belgique ainsi que de nom-

1. R. Cabrillac, *Les codifications*, Paris, Puf, « Droit, éthique, société », 2002, p. 290-302. Sur le cas de la France et la Belgique, voir S. Bou-

breux autres pays ont importé le Code civil français. L'exemple de la Belgique est éclairant, car les rares disparités culturelles existant entre la Belgique et la France n'ont nécessité que peu de changements. On peut prendre un exemple inverse, où l'élément indigène a dû être intégré à la greffe. Le Code Santillana résulte d'un tel type de greffe juridique. Le parcours familial de David Santillana (1855-1931), membre de la communauté juive dite portugaise (originaire de Gibraltar), le porta au polyglottisme. Arabisant, juriste à Londres, diplomate en Italie et en Égypte, il devint un fin connaisseur à la fois du droit de *common law* et des codifications françaises et italiennes. Dès 1896, le gouvernement entend codifier la législation civile, commerciale et pénale de la Tunisie. On cherche une personnalité connaissant à la fois les codifications italiennes et françaises et le droit musulman. Santillana répond à cette exigence. On lui doit l'*Avant-projet de Code civil tunisien* de 1899, qui deviendra, pour l'essentiel, le Code des obligations et des contrats de 1906[1]. Ce code servira à son tour de modèle au Maroc et à la Mauritanie[2].

---

abdallah, *La Réception du modèle français en droit civil belge. Exemple d'un transfert de droit*, Bruxelles, Bruylant, 2014. Sur les greffes nord-américaines, voir J.W. Cairns, *Codification, Transplants and History. Law Reform in Louisiana (1808) and Quebec (1866)*, Clark, Talbot Publishing, 2015.

1. Sur tout cela, voir F. Renucci, « David Santillana, acteur et penseur des droits musulman et européen », *Monde(s)*, vol. 1 (2015), p. 25-44.
2. D.E. Stigall, *The Santillana Codes : The Civil Codes of Tunisia, Morocco, and Mauritania*, Londres, Lexington Books, 2017.

IV. – Greffe de constitutions

La greffe portant sur la constitution a conduit à forger l'expression « pèlerin constitutionnel[1] », la constitution détenant, en vertu de son caractère ancien et sacré, une place à part parmi les sources du droit. La Constitution belge puise les deux tiers de ses dispositions dans les textes constitutionnels français et néerlandais. Elle retient d'ailleurs le plan de la Constitution française de 1791 et lui emprunte le principe selon lequel tous les pouvoirs émanent de la Nation. La Constitution belge sera copiée (et remodelée) par les Grecs en 1844 puis, sur d'autres points, en 1864[2]. Le Luxembourg s'en inspirera également, mais la greffe la plus fidèle aura lieu dans la Constitution roumaine de 1866. La Constitution persane de 1906, et surtout le Supplément à la Loi fondamentale de 1907 s'inspireront de la Constitution belge.

V. – Greffe de méthode

La notion de méthode juridique est suffisamment générale pour couvrir les techniques de production des normes juridiques, notamment la « légistique » (science de la formulation de la loi), l'identification des règles

1. O. Duhamel, « Le pèlerin constitutionnel », *Belvédère*, vol. 2 (1991), p. 17.
2. J. Gilissen, « La Constitution belge de 1831 : ses sources, son influence », *Res Publica*, 1968, p. 107-141.

applicables et leur application. En somme, la méthode juridique régit les étapes qui conduisent à la prise de décision législative ou judiciaire. Cette méthode varie d'un type de système à l'autre, tout comme la logique juridique (voir chap. v). Des éléments de méthodes peuvent être greffés[1], mais il arrive qu'un auteur suggère la transplantation de l'ensemble de la méthode juridique d'un système à un autre. Ce type de greffe ne se réalise pas facilement, puisque la méthode est étroitement liée à la culture juridique qui la sous-tend. Si une méthode juridique tend à produire les meilleurs résultats, voire le résultat juste, les conceptions du juste ainsi que les moyens d'y parvenir varient. Selon Stefan Vogenauer, la méthode juridique comprend les questions suivantes : le style de production des normes, l'identité de celui qui applique et interprète le droit, les éléments requis par l'application et l'interprétation, ainsi que leur importance relative[2].

1. **Méthode américaine et méthode allemande.** Bien qu'il existe plus d'une méthode américaine (on distingue au moins la méthode formaliste et la méthode réaliste, voire pragmatiste) et plus d'une méthode allemande (on peut opposer le formalisme kelsénien au décisionnisme schmittien, voire au pragmatisme de Theodor Viehweg), on peut, en simplifiant, opposer deux grands styles typiques : celui qui est décrit par

1. Sur la greffe de principes ou de raisonnements, voir *infra*, p. 82 *sq*.
2. S. Vogenauer, « Sources of Law and Legal Method in Comparative Law », M. Reimann et R. Zimmermann (dir.), *The Oxford Handbook of Comparative Law*, Oxford, Oxford University Press, 2006, p. 869.

Frederick Schauer et les nouveaux formalistes, et celui de Reinhold Zippelius, dont la méthode promeut le juste[1]. On distingue alors le gouvernement par les normes (Schauer) et le primat du juste (Zippelius). Selon Schauer, la méthode *juridique* se caractérise par le fait qu'elle produit régulièrement des résultats moins bons, moins satisfaisants, que les autres types de prises de décision. Cette approche peut être perçue comme pessimiste, voire défaitiste : pourquoi le juriste se contenterait-il de résultats sous-optimaux ? Pourquoi accepter certaines décisions dont tout le monde voit qu'elles ne sont pas les plus justes ? Ces questions conduisent James R. Maxeiner à vanter auprès des juristes américains la méthode allemande qui, dit-il, fonctionne très bien et satisfait les usagers du droit[2]. Si les juristes américains troquaient leur formalisme contre une approche allemande censément plus efficace, on assisterait à une greffe de méthode juridique. Cependant, si des greffes de méthodes se constatent, en prendre l'initiative demeure périlleux. Il n'y a, en l'occurrence, que peu de chances que cette greffe de méthode fonctionne, parce que ces deux systèmes insistent sur des aspects différents : autant les juristes allemands, préoccupés par le caractère optimal des résultats juridiques, optimalisent en effet les décisions par des interprétations téléologiques – y compris des

1. R. Zippelius, *Juristische Methodenlehre*, Munich, Beck, « JuS-Schriftenreihe », 2012 (11e éd.).
2. J.R. Maxeiner, « Thinking like a Lawyer Abroad : Putting Justice into Legal Reasoning », *Washington University Global Studies Law Review*, vol. 11 (2012), p. 55-92.

réductions téléologiques (voir *infra*) –, autant la valeur qui prévaut en droit américain est celle de la *rule of law*, que l'on peut traduire par le gouvernement par les normes plutôt que par les hommes, c'est-à-dire la prévisibilité du droit. Si les règles voyagent volontiers d'un droit à l'autre, la méthode constitue un élément assez profond dans une culture juridique donnée et à laquelle on tient assez jalousement. Un changement de méthode aurait un coût cognitif beaucoup plus élevé qu'une greffe de code. La méthode est en quelque sorte l'ADN d'une culture juridique.

2. **Le *ius commune* comme greffe d'exosquelette.** De 1495 à 1900, on appliqua en Allemagne le *ius commune*, renommé *das gemeine Recht*. Plus précisément, on greffa le *corpus iuris* accompagné de ses gloses médiévales : ces dernières recouvraient une telle importance dans la compréhension du droit romain que l'on disait *quidquid non agnoscit glossa, non agnoscit curia*, « ce que ne reconnaît pas la glose, la cour ne le reconnaît pas ». Le droit romain médiéval fut donc l'objet d'une *Rezeption* que les historiens allemands du droit divisent en *Frührezeption*, les prémices, et *Vollrezeption*, la réception proprement dite. En effet, dès le Moyen Âge, de nombreux juristes allemands se formaient dans les universités italiennes et françaises (*peregrinatio academica*), de sorte que lors de la Réception, un nombre conséquent de juristes aguerris au droit romain se trouvaient déjà en Allemagne.

La Réception est le fruit d'une décision réfléchie, venue d'en haut, et non d'un processus inconscient ou imperceptible. Toutefois, il ne s'agit pas d'un remplacement total du droit médiéval. Ce qui fut greffé – si l'on utilise cette fois non plus la métaphore agricole, qui était celle de Bentham, mais médicale, qui nous est plus familière –, ce n'est pas le corps du droit ni son squelette, mais ce qui l'enveloppe, son exosquelette : le *ius commune* était d'application, certes, mais à titre subsidiaire. En effet, le droit coutumier local, le *ius proprium* (ou encore *ius municipale*), s'appliquait, et ce n'est que là où ce dernier restait muet que l'on recourait au *ius commune*. Une autre étape fut cruciale dans ce processus : petit à petit, il a été exigé des *iura propria* qu'ils soient mis par écrit, de sorte qu'à défaut d'un *texte* recueillant le droit local, c'était le *ius commune* qui s'appliquait. Or, les droits locaux n'étaient pas produits par des savants, et il fallut recourir à des juristes lettrés et formés en droit romain pour procéder à cette mise par écrit des droits locaux. Le *ius commune* est donc par excellence un droit de professeurs[1]. La réception du droit romain par l'Empire byzantin fut moins perçue comme une greffe que comme la redécouverte et l'usage d'un droit qui était déjà le leur. On parle alors non de réception, mais de *purification* des anciennes lois, notamment par l'établissement d'un texte grec, afin d'extraire le droit dans son état pristin[2].

1. R.C. van Caenegem, *Judges, Legislators and Professors*, Cambridge, Cambridge University Press, 1987.
2. R.C. van Caenegem, *European Law in the Past and in the Future : Unity and Diversity over Two Millennia*, Cambridge, Cambridge University Press, 2002, p. 137-138.

Lorsqu'en 1900 le Code civil allemand (*BGB*) succède au *ius commune*, se pose la question du lien entre ces deux droits savants. De même que le Code civil, « transaction entre le droit écrit et les coutumes », abrogea les (autres) coutumes, le *BGB* n'abrogerait-il pas le *ius commune* ? Certains ont plaidé pour une analyse différente : l'adoption du Code civil allemand n'équivaudrait pas à un Code civil français rompant explicitement avec les coutumes, mais à un *restatement*[1], une forme de codification du droit existant. Sans doute s'agit-il non pas d'une codification à droit constant (qui n'est pas du tout censé modifier le droit applicable), mais d'une simple réaffirmation, sous une forme certes plus contemporaine, du *ius commune*. Sans vouloir trancher ici la question, il est remarquable que le Code civil allemand porte davantage la marque du droit romain que le Code civil napoléonien, pétri de droit coutumier français.

VI. – Greffe de principes

Le principe exprime souvent une valeur, une idée générale qu'il n'est guère surprenant de voir apparaître dans diverses cultures juridiques.

1. **Principe de proportionnalité.** – Ce principe de proportionnalité (*Verhältnismäßigkeit*) est d'origine

1. R. Zimmerman, *Roman Law, Contemporary Law, European Law : The Civilian Tradition Today*, New York, Oxford University Press, 2001, p. 98-99.

allemande, où il est central en droit public[1]. Le principe vise à limiter les actions de l'autorité, qui doit s'en tenir à ce qui est nécessaire à la concrétisation des objectifs poursuivis : un test de nécessité est alors mis en place. Le principe de proportionnalité est consacré en droit de l'Union européenne et en droit européen des droits de l'homme. À ce titre, il devient obligatoire au Royaume-Uni, qui disposait déjà du principe (quelque peu différent) d'*unreasonableness*. La greffe s'est donc faite ici d'Allemagne au Royaume-Uni, en passant par le droit européen – en subissant tant de modifications que l'on peut douter qu'il s'agisse encore du même principe[2].

2. ***Estoppel.*** – Le principe de l'*estoppel* exprime le devoir de cohérence et interdit de se contredire au détriment d'autrui (*non concedit venire contra factum proprium*). Ce mécanisme vise à paralyser la partie dont le comportement contradictoire induit en erreur sur ses intentions.

Ce principe apparaît fréquemment sous le nom d'*estoppel* en *common law* ; ce n'est que récemment qu'il a fait son entrée – ou son retour, puisque le mot est d'origine française – en droit français, dans

1. M. Cohn, « Legal Transplant Chronicles : The Evolution of Unreasonableness and Proportionality Review of the Administration in the United Kingdom », *American Journal of Comparative Law*, vol. 58, n° 3 (2010), p. 583-629.
2. J. Bomhoff, « Beyond Proportionality : Thinking Comparatively about Constitutional Review and Punitiveness », in V. Jackson et M. Tushnet (dir.), *Proportionality : New Frontiers, New Challenges*, Cambridge, Cambridge University Press, 2017, p. 130-147.

lequel, avant 2005, on parlait simplement de l'interdit de se contredire au détriment d'autrui. Le fait qu'on utilise le terme technique *estoppel* justifie qu'il ait été explicitement question d'une *greffe*, que certains auteurs, dès 1994, appelaient de leurs vœux[1]. Bien qu'il s'agisse d'une greffe, l'*estoppel* existait déjà en droit international public, en droit transnational privé et en droit commercial arbitral. On peut se poser la question de savoir pourquoi la Cour de cassation a jugé nécessaire d'importer cette règle malgré l'existence d'instruments quasiment équivalents déjà disponibles en droit français. L'une des raisons tient au prestige que confère une greffe issue de certains pays étrangers[2].

L'un des types d'*estoppel* est le *promissory estoppel* : celui qui fait une promesse crée des attentes légitimes qui vont orienter le comportement d'autrui. Si cette promesse n'est pas tenue, on peut invoquer cet *estoppel.* Par exemple, si un homme promet de financer le voyage de son neveu et qu'au retour de ce dernier l'oncle refuse de rembourser les frais, et s'il est établi que le neveu n'aurait pas entrepris ce voyage sans cette promesse, l'oncle est tenu de rembourser en vertu de la règle du *promissory estoppel.*

1. H. Muir Watt, « Pour l'accueil de l'*estoppel* en droit privé français », *Mélanges Loussouarn*, Paris, Dalloz, 1994, p. 303-309.
2. G. Cuniberti, « Enhancing Judicial Reputation through Legal Transplant. Estoppel travels to France », *American Journal of Comparative Law*, vol. 60 (2012), p. 383-400.

VII. – Greffe de raisonnements

Les raisonnements sont proches des *principes* (il est parfois difficile de les distinguer) et des *méthodes*[1] (qui sont plus générales et tiennent à la culture, alors que le raisonnement est local). Qu'il puisse être question de greffe de raisonnement juridique suppose l'existence d'un greffon, le raisonnement ou argument qui n'existe pas partout. On ne parlera en effet de greffe – de quelque élément que ce soit – que si l'élément en question fait défaut dans le droit-cible. Or, il n'est pas toujours aisé de déterminer si un raisonnement appartient en propre à une culture juridique. Une fois identifiés les raisonnements propres à une culture juridique, il faut distinguer, dans la perspective d'une greffe :

(1) les raisonnements qui dépendent d'une culture donnée, qui lui sont inhérents pour des raisons sémiotiques ou culturelles. Par exemple, certains raisonnements, comme le principe talmudique *yesh em la masoret*, supposent l'utilisation d'un système d'écriture consonantique, ou *abjad*. Ils ne seront pas ou peu exportables dans une culture utilisant un alphabet ;

(2) les raisonnements qui se trouvent simplement n'être utilisés que dans certaines cultures mais qui ne supposent pas de conditions propres

1. G. Samuel, *A Short Introduction to Judging and to Legal Reasoning*, Cheltenham, Edward Elgar, 2016.

à une culture donnée. On peut en imaginer l'exportation. C'est de ce genre de raisonnement qu'il sera ici question.

Nous prendrons trois exemples : la définition, la réduction téléologique et le *miggo*.

1. **Définition.** – La définition est un genre littéraire de forme courte auquel Aristote a donné ses lettres de noblesse, qui ne se contente pas de décrire un objet mais qui vise à en signifier l'« essence », ou du moins les conditions nécessaires et suffisantes. Pour Aristote, la définition ne se limite pas à une simple description générale mais est constituée par un genre prochain et une différence spécifique, même si parfois Aristote ne respecte pas les exigences qu'il énonce lui-même. Voici un exemple classique de définition : l'homme est un animal (genre prochain) raisonnable (différence spécifique). La définition passe aujourd'hui pour un procédé universellement juridique. Les définitions sont nombreuses, à commencer par les six mille définitions des codes français[1]. La définition est donc devenue aujourd'hui l'un des outils les plus courants sous la plume des juristes. Pourtant, il n'en a pas toujours été ainsi, et il n'en est pas partout ainsi : il convient de nous *défamiliariser* avec la notion familière de définition[2]. Signe que la définition n'est pas universellement répandue parmi les juristes : il existe des

1. J. Lefebvre (dir.), *Actes de colloque Dicodex. Réflexions sur les définitions juridiques codifiées*, Paris, Puf, « Ceprisca », 2015.
2. La notion de *défamiliarisation* est empruntée aux formalistes russes.

cultures juridiques où la pratique de la définition brille par son absence. On ne trouvera en effet guère de définitions dans le Talmud, même si certaines influences grecques y ont été relevées[1]. Ce qui, en revanche, semble très présent à travers les différentes cultures juridiques – ce qui, donc, se rapproche plus d'un universel commun à toutes les cultures juridiques – est l'usage de *critères*. Le critère ne permet pas forcément de savoir *ce que sont* l'insulte, le meurtre, la vente, mais il permet de savoir *quand* le phénomène a lieu. L'approche n'est plus ontologique, mais fonctionnelle. Ainsi, Nelson Goldman proposait de remplacer la question « Qu'est-ce que l'art ? » par « Quand y a-t-il art ? »[2]. Cette proposition est adaptable, *mutatis mutandis*, aux notions juridiques. Or, tout critère ne s'organise pas sous la forme canonique de la définition aristotélicienne : genre prochain et différence spécifique.

Comment expliquer l'omniprésence de la définition en droit, son apparente quasi-nécessité ? C'est sans doute par le droit romain, droit exposé à la philosophie grecque – stoïcienne, mais surtout aristotélicienne –, que se répand l'habitude pour le juriste de *définir* les notions qu'il utilise. Le droit romain

1. S. Lieberman, *Hellenism in Jewish Palestine. Studies in the literary transmission, beliefs and manners of Palestine in the I Century B.C.E. – IV C.E* (1950), New York, The Jewish Theological Seminary of America, 1962.
2. L'article « When is Art ? » est repris dans N. Goodman, *Ways of Wordmaking*, Indianapolis, Hackett Publishing Company, 1978, chap. IV.

a été un immense pourvoyeur de greffes juridiques qui a lui-même peu emprunté aux autres droits[1]. Pourtant, il semble que l'usage de la définition par genre prochain et différence spécifique soit bel et bien un cas de greffe de raisonnement juridique, Aristote faisant figure de donneur posthume. Selon les uns, cette greffe se serait réalisée à l'époque pré-classique[2], d'autres la situent à l'époque classique, cicéronienne[3], d'autres encore localisent la greffe chez les juristes savants systématisant le droit néoromain au XIIe siècle[4], ou encore chez les humanistes hellénisants du XVIe siècle[5]. On ne s'étonnera pas que le droit romain ait exporté, outre le droit substantiel,

1. A. Watson, *Legal Transplants : An Approach to Comparative Law* (1974), Athens, University of Georgia Press, 1993 (2e éd.).
2. A. Carcaterra, *Le Definizioni dei giuristi romani. Metodo, mezzi e fini*, Naples, Eugenio Jovene, 1966 ; et R. Martini, *Le Definizioni dei giuristi romani*, Milan, Giuffrè, 1966.
3. M. Villey, « La philosophie grecque classique et le droit romain », in M. Villey, *Leçons d'histoire de la philosophie du droit*, Paris, Dalloz, 1962 (1e éd.), chap. II.
4. H.J. Berman, *Law and Revolution. The Formation of the Western Legal Tradition*, Cambridge (Massachusetts) et Londres, Harvard University Press, 1983.
5. À propos de l'influence de la philosophie grecque sur le droit européen à la Renaissance, voir H. R. Troje, *Graeca leguntur. Die Aneignung des byzantinischen Rechts und die Entstehung eines humanistischen Corpus iuris civilis in der Jurisprudenz des 16. Jahrhunderts*, Cologne/Vienne, Böhlau, 1971. Pour une description du « refoulement » de cette influence grecque, voir L. Waelkens, « Réception ou refoulement ? Pour une lecture grecque de l'histoire du droit de la Renaissance », in B. Coppein, Fr. Stevens, L. Waelkens (dir.), *Modernisme, tradition et acculturation juridique*, Bruxelles, Iuris Scripta Historica, 2011, p. 137-149. Sur l'usage des définitions par Cujas,

la technique de la définition à laquelle nous sommes tellement habitués. Il est remarquable que d'autres droits que ceux issus du droit romain puissent également être systématisés *a posteriori* grâce à la notion de définition. La définition étant pour ainsi dire absente du corpus talmudique, rien n'empêche les auteurs d'employer cette technique savante à des fins pédagogiques. C'est ce que fait notamment le Ramḥal.

2. **Réduction téléologique.** – La réduction téléologique est un type de raisonnement très prisé en droit allemand, que l'on retrouve dans des pays influencés par la culture juridique allemande (République tchèque, Suisse, Autriche) – et qui est presque inconnu ailleurs[1]. L'argument procède de la constatation d'une divergence entre le sens littéral et la *ratio legis* de la règle : entre ce qu'elle dit et l'objectif qu'elle poursuit. Parce que cette divergence est due à l'*absence* d'une précision, on parle d'une lacune qu'il convient de combler. La réduction téléologique, qui entend combler cette lacune, consiste à « *restreindre* la portée d'une règle dont la lettre va au-delà de l'objectif

par exemple, voir X. Prévost, *Jacques Cujas (1522-1590) juriste consulte humaniste*, *op. cit.*, notamment p. 222.

1. K. Larenz et W.-C. Canaris, *Methodenlehre der Rechtswissenschaft*, Berlin et Heidelberg, Springer, 1999. Pour des occurrences de cet argument en dehors du droit allemand, on consultera : S. Vogenauer, *Die Auslegung von Gesetzen in England und auf dem Kontinent. Eine vergleichende Untersuchung der Rechtsprechung und ihrer historischen Grundlagen*, Tübingen, Mohr Siebeck, 2001, notamment p. 715-720.

poursuivi par l'auteur de la norme[1] ». Ce décalage entre la portée de la règle telle qu'elle est formulée et la portée qu'impose la *ratio legis* rend légitime une réduction de la portée de la règle, réduction qui corrigera les effets non souhaités de la formulation malheureuse. Il faut bien distinguer l'*interprétation* téléologique, que l'on trouve partout, et la *réduction* téléologique, typiquement allemande. En effet, alors que l'interprétation téléologique vise le plus souvent à *étendre* la portée de la règle à un cas non explicitement prévu, la réduction téléologique *réduit* cette portée et donc contredit la règle telle qu'elle se trouve formulée.

	Interprétation téléologique	*Réduction téléologique*
Opération sur la portée	Extension	Réduction
La nouvelle portée	S'élargit	Se restreint
Contradiction avec la règle	Non	Oui
Raisonnement	Universel	Typiquement allemand

En un sens, la réduction téléologique est l'ajout d'une exception non prévue par la loi. La réduction téléologique s'oppose donc au principe *l'exception confirme la règle pour les cas non exceptés*, selon lequel

1. R. Jafferali, *La Rétroactivité dans le contrat. Étude d'une notion fonctionnelle à la lumière du principe constitutionnel d'égalité*, Bruxelles, Bruylant, 2014, p. 83.

une exception que la loi ne prévoit pas, et qui ne figure donc pas dans la liste des exceptions, tombe sous le coup de la règle et ne peut s'ajouter à la liste des exceptions.

Le droit suisse, quant à lui, prévoit que l'ancien employeur et l'acquéreur d'une entreprise sont solidaires des créances échues avant le transfert (Code des obligations, art. 333, alinéa 3). Or, le but, la *ratio legis*, est d'assurer la protection des travailleurs. Le texte n'exclut pas explicitement le cas des entreprises en procédure de faillite. De telles entreprises sont donc à première vue concernées par la règle. Pourtant, le Tribunal fédéral a décidé que, en cas de reprise d'une entreprise en faillite, l'application du sens littéral contreviendrait « tant au sens qu'au but de cette disposition ». Cette réduction téléologique montre la flexibilité en matière d'interprétation de la loi afin de tenir compte des particularités de chaque cas, que le législateur n'a pas toujours prévues[1].

La réduction téléologique a fait l'objet d'une tentative de greffe de raisonnement juridique. En effet, l'avocat général Michal Bobek a utilisé un tel raisonnement dans ses conclusions, à la suite d'une demande de décision préjudicielle formée par le *Bundesgerichtshof* (Cour fédérale de justice d'Allemagne[2]). La question était posée de savoir s'il était autorisé de mettre en

1. J. Bory, « L'interprétation de la loi par-delà le texte à l'exemple de la réduction téléologique », Genève, Schulthess et Éditions romandes, 2014, p. 413-428.
2. Affaire C-177/15 Nelsons GmbH *vs* Ayonnax Nutripharm GmbH et Bachblütentreff Ltd.

évidence les qualités nutritionnelles des fleurs de Bach, boisson vendue en flacon et pulvérisateur dont le degré d'alcool est de 27 %. Ces gouttes étaient-elles concernées par le règlement interdisant des allégations de santé pour les « boissons » à plus de 1,2 % d'alcool ? *A priori*, on ne voit pas pourquoi une boisson de 27 % ne tomberait pas sous le coup d'une règle sur les boissons de plus de 1,2 %. Pourtant, l'avocat général a explicitement proposé d'utiliser la réduction téléologique : « il est nécessaire d'opérer une réduction téléologique de la définition large du terme "boisson" donnée dans les dictionnaires. Le terme ne devrait recouvrir à juste titre que les liquides titrant plus de 1,2 % d'alcool en volume et qui, s'ils sont consommés de manière normale et habituelle, sont susceptibles d'avoir des effets négatifs sur la santé humaine ». Selon l'avocat général, le critère du degré d'alcool n'est pas absolu et fait place à la *ratio legis* : la raison de l'interdiction d'allégations de santé des boissons alcoolisées tient au fait qu'elles nuisent à la santé. Mais s'il est établi que telle boisson, fût-elle de 27 %, n'est pas nuisible à la santé, l'interdit tombe. La portée de l'interdit est donc réduite à la lumière de la *ratio legis*.

3. **Le *miggo*.** – *Miggo* signifie « puisque » en araméen. Cette technique talmudique vise à résoudre un type d'incertitude : le *miggo* peut être rangé parmi les présomptions. Il consiste à donner raison à quelqu'un dont on ne sait s'il dit la vérité – dans le cas où un mensonge lui aurait permis de s'en sortir plus efficacement. Autrement dit,

on ne suppose pas le mensonge *puisque* si c'était un menteur, il disposerait d'un mensonge plus efficace. Le fait qu'il élabore une version plus coûteuse à élaborer et plus difficile à soutenir nous laisse présumer qu'il dit la vérité.

Par exemple, si l'on réclame à un gardien bénévole qu'il rende un bien en dépôt et qu'il réponde l'avoir déjà rendu, on le croit. En effet, si le gardien était un menteur, il aurait pu affirmer mensongèrement que le bien lui avait été volé – en l'absence toutefois de négligence, auquel cas le gardien serait responsable.

Pour synthétiser, voici les deux allégations possibles : (a) l'allégation soutenue et (b) l'allégation qui aurait pu être soutenue.

(a) Je te l'ai déjà rendu.
(b) Le bien m'a été volé.

Pour que le *miggo* fonctionne, il est indispensable que l'énoncé (b) soit réellement accessible, que rien n'empêche son utilisation et qu'il soit *plus* efficace que l'énoncé qui a été prononcé (a). Si, pour une raison quelconque, le vol ne constitue pas une excuse, ou si, dans un certain contexte, le vol est présumé dû à une négligence, ou encore si invoquer un vol suppose une difficulté particulière, le *miggo* ne fonctionne pas. Nous sommes reconduits à la situation d'incertitude par laquelle nous avions commencé : un gardien prétend avoir rendu le bien et nous ignorons s'il dit la vérité.

Quand le nom des arguments leur donne une légitimité

Pour chacun des trois types de greffes de raisonnements, il faut admettre la possibilité de leur utilisation en l'absence d'un emprunt, sans que le nom du raisonnement soit connu, voire sans connaissance de l'existence même du raisonnement en question. Il est plus que probable qu'une culture savante non exposée au droit romain organise *parfois* et *par hasard* les critères conformément à la définition aristotélicienne (genre prochain et différence spécifique). Des avocats non instruits du mécanisme du *miggo* ont certainement déjà élaboré une défense similaire en invoquant le fait que leur client devrait être cru puisque, si c'était un menteur, il aurait pu mentir de façon plus efficace (« s'il avait voulu mentir, il s'y serait pris autrement… »). Enfin, la réduction téléologique a indubitablement déjà eu lieu en dehors des systèmes influencés par le droit allemand. Toutefois, le fait qu'un raisonnement porte un nom, soit enseigné dans les facultés de droit, se voie reconnu comme l'un des arguments canoniques, rend son usage à la fois plus fréquent et plus légitime. Nous avions signalé que, pour qu'une greffe soit envisageable, il fallait que l'argument ne fût pas mobilisé dans le droit receveur. L'existence marginale de ces arguments ailleurs n'interdit pas de penser, de promouvoir (ou, le cas échéant, de lutter contre) une greffe de raisonnement juridique. En effet, tant que le raisonnement ne porte pas de nom, il est pratiqué moins facilement que lorsqu'il figure parmi les techniques reconnues d'une culture juridique.

VIII. – Conclusion

Les greffes juridiques se distinguent des greffes médicales en ce que ces dernières n'ont normalement pas lieu si les médecins ne les pratiquent pas. En revanche, les greffes juridiques peuvent se produire « naturellement ». Lorsque le législateur entend adopter une nouvelle loi, il n'est pas rare qu'il procède à une enquête de droit comparé, afin d'évaluer les droits étrangers puis, le cas échéant, de sélectionner la formulation la plus adaptée. Le cas de la greffe de raisonnement est éloquent, puisqu'il n'est même plus nécessaire de modifier les règles applicables : rien n'interdit en tant que tel à un juriste (d'essayer) d'inoculer un type de raisonnement étranger. Ainsi, l'introduction de la technique grecque de la définition ne s'assimile pas à une modification du droit : lorsqu'une culture intègre la définition, elle n'abroge ni n'adopte aucune règle. Finalement, la définition n'est qu'une manière particulière d'organiser les critères, qui eux se trouvent dans tous les droits. Toutefois, l'adoption de la définition dans la technique juridique produit des effets considérables. La définition rend possible, ou du moins favorise, la technique du syllogisme, formulation consacrée par la philosophie de la codification. La greffe de la définition peut donc conduire à un changement de *culture juridique*, de méthode juridique, ou du moins peut les préparer. Alors que la méthode juridique, au cœur du droit, n'est pas facilement transplantable, certaines greffes en apparence plus inoffensives, comme celle de la définition, contribuent à rendre possible, à long terme, un changement de paradigme. La différence entre le droit romain antique et le droit néoromain médiéval a été décrite ainsi : alors que le droit romain disposait de concepts, le droit romain médiéval mobilisait des concepts de concepts, c'est-à-dire des définitions des concepts eux-mêmes. Or, si le droit continental est issu du droit romain médiéval (van Caenegem), et si la science moderne a elle-même été rendue possible par cette approche des concepts (Berman), et si, comme nous le soutenons, la transformation entre ces deux droits est tributaire de l'introduction de la définition dans le monde romain, on admettra alors qu'une greffe de raisonnement juridique peut être l'amorce de plus d'une révolution.

CHAPITRE IV

Pragmatique de la citation

I. – Autorités, polyphonie et prise en charge

Rien de plus naturel pour le juriste que de mobiliser les sources du droit à sa disposition, qui sont autant d'autorités à l'appui de sa thèse. La notion d'autorité se révèle complexe et chargée. Il ne suffit plus d'opposer l'autorité à la raison : ce sont bel et bien *des* autorités qui se font face. Lorsque Pierre Abélard, dans le *Sic et non*, montre les divergences de dizaines d'autorités sur de nombreux points, il prépare la scolastique – une organisation rationnelle des autorités. La notion d'autorité est souvent mal comprise parce que l'argument d'autorité a, depuis le XVIIe siècle, mauvaise presse : les auteurs de l'âge classique tournaient volontiers en ridicule l'usage que les médiévaux faisaient des autorités. Cet usage apparaîtrait, au mieux, préscientifique, au pire, superstitieux. Pourtant, tout indique que les médiévaux ne vouaient nullement un culte déraisonnable aux autorités[1].

1. O. Ducrot, *Le Dire et le Dit*, Paris, Minuit, « Propositions », 1985, chap. VII.

Les autorités se répartissent en deux catégories : contraignantes ou persuasives. Une autorité contraignante s'impose indépendamment de son contenu : une loi doit être appliquée non parce que l'opérateur la juge fondée, mais simplement parce qu'elle est contraignante. En revanche, une autorité persuasive est suivie en raison de sa substance, de ce qu'elle dit, et non en fonction du pouvoir de celui qui l'énonce[1]. Un juge de *common law* prend en compte les précédents contraignants (autorités contraignantes) tout en s'inspirant de décisions non contraignantes, par exemple étrangères (autorités persuasives). En droit comparé, la distinction des types d'autorités est un outil fécond.

Lorsque l'on mobilise des sources du droit ou des autorités, on peut s'y rapporter sobrement, voire de manière neutre, y souscrire avec plus ou moins de force, insinuer qu'il n'est pas recommandable de s'y conformer, ou encore les présenter comme fausses. Toutes ces *attitudes* (neutre, sceptique, approbative, négative) se traduisent dans le type de *prise en charge* du discours rapporté. Décrire les autorités citées ne suffit pas ; il faut encore vérifier le ton sur lequel on les sollicite.

---

1. F. Schauer, *Penser en juriste. Nouvelle introduction au raisonnement juridique*, trad. S. Goltzberg, Paris, Dalloz, « Rivages du droit », 2018, chap. IV.

II. – Opinions séparées (dissidentes et concurrentes)

Les décisions de justice, véritables oracles vivants (Blackstone), varient considérablement d'une culture à l'autre[1]. Selon les systèmes juridiques et le degré de juridiction, la motivation des décisions de justice peut se présenter en un seul tenant (discours monologique) ou être écrite à plusieurs mains (discours polyphonique). Ainsi, en droit français, les décisions, de longueur relativement réduite, ne tolèrent pas que les juges émettent des opinions séparées[2]. En revanche, dans de nombreux pays de *common law* ainsi que dans des juridictions internationales ou régionales, les juges de certaines juridictions ont l'opportunité de rédiger une opinion séparée, et donc minoritaire. Celle-ci peut être signée par un seul ou

1. Pour une comparaison historique des décisions de justice en droit anglais, romain, allemand et français, voir J.P. Dawson, *The Oracles of the Law*, Westport, Greenwood Press, 1968. Pour une approche comparée du revirement, voir I. Rorive, *Le Revirement de jurisprudence. Étude de droit anglais et de droit belge*, Bruxelles, Bruylant, 2003.

2. La polyphonie inhérente au désaccord ne concerne pas seulement les décisions séparées ; elle existe aussi au sein d'une opinion unique. Le désaccord existe virtuellement dans toute motivation de décision de justice prenant la peine de mentionner les moyens ou les arguments non retenus. La polyphonie sous-tend toute argumentation juridique dans laquelle s'articulent des arguments opposés, ce qui est presque toujours le cas. Voir O. Ducrot, *Le Dire et le Dit*, *op. cit.*, chap. VIII.

plusieurs juges. L'opinion séparée peut souscrire à un verdict différent de celui retenu par l'opinion majoritaire (c'est alors une opinion dissidente), mais elle peut également soutenir le verdict de la majorité tout en s'éloignant du raisonnement conduisant à cette conclusion (opinion concurrente).

Quel est le rôle et quels sont les effets de la pratique des opinions séparées ? Son rôle tient à la fonction pédagogique de la décision de justice : les parties accèdent aux *arguments* que chaque juge a choisi de rendre publics. Mais ces opinions séparées contribuent également à l'évolution du droit, puisque les juges peuvent s'inspirer à loisir de ces *autorités* qui, si elles n'ont pas pesé dans la décision en question, ont fait l'objet d'une formulation.

Le paradoxe de l'opinion dissidente apparaît de façon manifeste dans la casuistique jésuitique. Celle-ci repose sur le principe du probabilisme[1] : si deux autorités A et B divergent sur un point et si A l'emporte sur B (assimilée à une opinion dissidente[2]), A ne rend pas B caduque. Au contraire, le simple fait que B *ait été* mentionnée en tant qu'autorité est suffisant pour que l'on s'en prévale ultérieurement : l'opinion en question est dite « probable », d'où le nom du « probabilisme ».

---

1. A.R. Jonsen et S. Toulmin, *The Abuse of Casuistry. A History of Moral Reasoning*, Berkeley, University of California Press, 1988.
2. W. Mastor, « L'effet performatif des opinions séparées sur la motivation des décisions constitutionnelles majoritaires », in F. Hourquebie et M.-C. Ponthoreau (dir.), *La Motivation des décisions des cours suprêmes et cours constitutionnelles*, Bruxelles, Bruylant, 2012, p. 87-115.

Tout se passe comme si les autorités tiraient leur respectabilité (leur « probabilité ») du fait qu'elles ont été citées et non de ce qu'elles auraient été suivies. Figurer parmi les autorités retenues, tel est le critère de la fiabilité. Or, si je peux exhumer toute opinion dissidente et fonder sur elle une décision, on voit mal ce qui empêcherait un auteur de soutenir les thèses les plus extravagantes. C'est, du reste, ce dont Pascal accuse les jésuites : défendre l'indéfendable en se prévalant d'opinions dissidentes. Cette critique percutante oblitère toutefois un point important : la possibilité d'un mauvais usage des opinions dissidentes ne signifie pas que tout usage est nuisible. C'est pourquoi l'étude de la casuistique jésuitique a été introduite dans les débats de bioéthique (Albert R. Jonsen et Stephen Toulmin), non parce que les participants se reconnaissent dans les *thèses* défendues par les jésuites, mais parce que la *méthode* casuistique jésuitique retenait toute leur attention.

À quoi servent les opinions dissidentes ?

Une controverse existe dans la littérature talmudique sur les raisons de conserver les opinions minoritaires. Selon l'opinion majoritaire, les opinions dissidentes pourront corroborer une position plus tardive. Selon l'opinion minoritaire de Rabbi Yehuda, la conservation des opinions dissidentes permet au contraire d'empêcher leur invocation ultérieure : alors que les Sages incarnent la majorité, l'opinion minoritaire de Rabbi Yehuda plaide contre une réutilisation de l'opinion minoritaire !

Son opinion dissidente énonce précisément que la fonction des opinions dissidentes est de s'assurer qu'elles ne servent pas d'appui dans le futur. L'approche de Rabbi Yehuda est donc performativement contradictoire. La casuistique jésuitique comme talmudique assigne à la conservation des opinions dissidentes une fonction positive : celle de constituer des éléments de réponse à des questions ultérieures.

III. – Usage des citations étrangères

Le phénomène des citations étrangères, mais aussi celui de l'absence de citations, s'observe dans l'espace privilégié du droit constitutionnel comparé. En effet, on peut décider :

(1) de citer une décision étrangère pour s'en inspirer ;
(2) de citer une décision étrangère pour l'écarter ;
(3) de ne pas citer une décision étrangère, en s'en inspirant ;
(4) de ne pas citer une décision étrangère, sans s'en inspirer.

Dans les deux premiers cas, il s'agit d'une source du droit, alors que dans le troisième cas, la source, non explicite, est tout de même utilisée. On peut distinguer les *sources* du droit – les prémisses du raisonnement juridique – et les *origines* du droit – qui peuvent exercer une influence mais ne sont pas revendiquées comme telles, soit parce qu'on choisit de ne pas nommer la *source*, soit parce que cette dernière n'est pas connue[1]. Dans le quatrième cas, ce n'est donc ni une source ni une origine. En l'occurrence, le droit constitutionnel comparé, consistant notamment à décrire les inspirations (explicites ou non) de juridictions étrangères, vise un triple objectif : trouver des solutions à des problèmes juridiques, assouvir la curiosité quant au fonctionnement d'autres droits, et modifier le droit applicable[2].

Depuis au moins les années 1950, la Cour suprême des États-Unis compte parmi les plus citées, y compris par d'anciennes colonies britanniques. Elle se montre en revanche réticente à citer des décisions étrangères : Antonin Scalia faisait partie des juges les plus prompts à affirmer que les décisions étrangères ne devaient pas dicter l'évolution du droit constitutionnel américain. À l'inverse, le droit sud-africain prévoit explicitement la possibilité de citer des décisions étrangères. Ainsi, dans le cadre de l'interprétation de la *Bill of Rights*, le tribunal « doit promouvoir les valeurs qui sous-tendent une société ouverte et démocratique reposant sur la dignité humaine, l'égalité et la liberté ; doit prendre en considération le droit international ; et peut prendre en considération le droit étranger » (art. 39 de la Constitution de la République d'Afrique du Sud). Encore faut-il choisir quelles cours mobiliser. La Cour suprême israélienne cite très peu de décisions émanant

1. S. Goltzberg, *Les Sources du droit*, Paris, Puf, « Que sais-je ? », 2018 (2e éd.), chap. I.
2. R. Hirschl, *Comparative Matters. The Renaissance of Comparative Constitutional Law* (2014), Oxford, Oxford University Press, 2016, p. 148-150.

de pays musulmans, mais s'inspire explicitement des décisions des juridictions suprêmes des États-Unis, du Canada et de l'Allemagne. Pourtant, à bien des égards, des juridictions à peine sollicitées comme la Malaisie, l'Inde ou le Pakistan présentent plus de points communs avec Israël que le Canada[1].

IV. – Chaîne de transmission : *isnād*

Le droit musulman distingue et hiérarchise plusieurs sources du droit : après le Coran viennent les hadiths (qui forment la *Sunna* pour les sunnites[2]). Contrairement à la source coranique, canonisée, le corpus des hadiths ne se présente pas comme un corpus fermé mais évolutif. Selon la fiabilité de la chaîne des garants (*isnād*), un hadith sera considéré comme sain (*ṣaḥiḥ*), bon (*ḥasan*) ou faible (*ḍa'īf*). L'*isnād*, plus que le contenu (*matn*) du hadith, est l'indice de son autorité. Cela entraîne une conséquence qui peut paraître curieuse : les docteurs musulmans ont retenu comme authentiques des hadiths pourvus d'un *isnād* irréprochable mais dont les propos se contredisent. Le pluralisme juridique du droit musulman ne résulte donc pas seulement de la multiplicité des sources du droit, mais également de la variété des hadiths retenus

1. R. Hirschl, *op. cit.*, p. 49-50.
2. On distingue le *hadith*, qui est un ensemble de récits, et la *Sunna*, qui est un ensemble de pratiques ; voir S. Mervin, *Histoire de l'islam. Fondements et doctrines*, Paris, Flammarion, « Champs Université », 2000, p. 60-61.

comme authentiques. On trouve dans la littérature talmudique un équivalent du hadith[1], notamment dans les chaînes de transmissions d'un enseignement de la *mishna* : « Moïse a reçu la Torah du Sinaï et l'a transmise à Josué, et Josué aux anciens, et les anciens aux prophètes, et les prophètes l'ont transmise aux hommes de la Grande Assemblée » (*Traité des Pères*, 1, 1). L'*isnād* et la liste des transmetteurs de la Torah peuvent être mis en regard de la liste des générations censées garantir une ascendance, à l'instar de l'Évangile de Matthieu, I, 1-18.

Comparatisme musulman et comparatisme humaniste

Le droit musulman classique trie, classe, retient et exclut les hadiths : il se livre en somme à un exercice typique de droit comparé. Le comparatisme de la Renaissance s'oppose point par point au comparatisme des hadiths. En effet, le courant humaniste en droit se propose de lever les contradictions entre les différentes versions, lesquelles sont établies grâce à la comparaison des langues dans lesquelles elles sont parvenues. Cela conduit Jacques Cujas à scruter les manuscrits byzantins rédigés en grec, afin de déterminer quelle version en latin est correcte. Les sources auxquelles puise la méthode cujacienne sont multiples et comprennent des sources externes au corpus médiéval, notamment byzantines, ainsi que des sources non juridiques. Ainsi, selon Ulpien, un débiteur ne peut,

1. Pour une approche comparatiste du droit talmudique, voir F.-X. Licari, *Le Droit talmudique*, Paris, Dalloz, « Connaissance du droit », 2015, notamment p. 74-75.

pour se dissimuler au regard de son créancier, se cacher derrière des colonnes ou des échoppes (*circa columnas aut stationes se occultet*). Cujas s'appuie sur une lettre de Sidoine Apollinaire pour corriger *stationes* par *statutes* : derrière des colonnes ou des statues. Cette correction sera d'ailleurs récusée par Mommsen. Une source non juridique lui permet de corriger un texte transmis par des générations de juristes. La critique des sources de l'islam classique privilégie la qualité des transmetteurs, tandis que l'approche cujacienne est fondamentalement dépersonnalisée. La différence tient enfin à ce que le travail de Cujas est encore pris en compte par les historiens du droit, alors que les critères de l'*isnād* conduisant à distinguer un hadith authentique (*ṣaḥiḥ*) et assez bon (*ḥasan*) demeurent étrangers aux islamologues contemporains, qui opposent désormais les hadiths authentiques et apocryphes. D'une manière générale, les juristes musulmans classiques se posent la question de la *source* du droit (dimension juridique), là où islamologues et orientalistes soulèvent celle de l'*origine* du droit (dimension historique).

V. – Les *amici curiae*

Les *amici curiae*, les « amis de la cour », peuvent, sans être parties au litige, apporter des informations juridiques ou factuelles afin d'éclairer la décision du juge[1]. Il peut s'agir d'instances étatiques, mais le plus souvent d'organisations non gouvernementales. Contrairement aux experts, les *amici curiae* se voient

1. L. Hennebel, « Le rôle des *amici curiae* devant la Cour européenne des droits de l'homme », *Revue trimestrielle des droits de l'homme*, vol. 71 (2007), p. 641-668.

libres d'aborder les points de droit ou de fait qu'ils estiment pertinents, sans que les questions posées par le juge les contraignent. La plupart des pays de *common law* utilisent la technique des *amici curiae*, bien que cette pratique soit en contradiction au moins apparente avec le système accusatoire, qui maintient à bonne distance les tierces interventions. Le paradoxe n'est en effet qu'apparent : les *amici curiae* permettent d'éviter des décisions résultant d'une application trop stricte des règles due au caractère accusatoire du système[1]. À ce titre, cette technique fait partie de la logique juridique propre à l'ontologie des systèmes de *common law* (voir *infra*, chap. v). On retrouve également les *amici curiae* dans de nombreuses cours internationales, comme la Cour interaméricaine des droits de l'homme ou la Cour européenne des droits de l'homme. Que les pays de *common law* aient influencé les juridictions internationales, voilà qui ne surprendra personne. Mais les *amici curiae* ont également pénétré des systèmes continentaux traditionnellement hermétiques à ce genre de tierce intervention. Ainsi, l'Argentine, le Brésil et le Pérou ont accueilli cette pratique de façon officielle. Dans d'autres pays, les organisations non gouvernementales envoient des *amici curiae* même lorsque la loi ne prévoit pas leur usage par les cours[2].

1. S. Krislov, « The Amicus Curiae Brief : From Friendship to Advocacy », *Yale Law Journal*, vol. 72 (1963), p. 694-721, en particulier p. 696.
2. S. Kochevar, « *Amici Curiae* in Civil Law Jurisdictions », *Yale Law Journal*, vol. 122 (2013), p. 1653-1669.

VI. – Droit et littérature

De nombreux textes sur le thème du lien entre droit et littérature s'inspirent de l'article de Robert M. Cover, « The Supreme Court 1982 Forword : Nomos and Narrative ». Le mot *narrative* ne possède pas de traduction exacte en français mais peut être rendu par « récit » ou plutôt par « métarécit ». L'article pose une distinction entre le droit comme technique et ensemble de règles, et tout ce qui entoure le *nomos*, le *narrative*, le non strictement juridique relevant toutefois du droit entendu au sens plein. Le texte dénonce la réduction du droit à cette technique, l'oubli du sens, et déplore l'omission de l'ensemble du métarécit.

Or, l'opposition entre droit et littérature ne relève ni de la symétrie ni de l'évidence. En effet, le terme « littérature » recouvre souvent un sens non technique qui englobe les textes juridiques. Les premiers textes de la littérature française ne contiennent-ils pas les Serments de Strasbourg ? Plus généralement, il n'est pas certain que le terme « littéraire » soit en mesure de décrire un sous-ensemble des productions écrites. Il semble que les anciens droits soient souvent pétris d'éléments non juridiques, à commencer par la Bible hébraïque. Peut-être le cas du droit romain offre-t-il un contre-exemple d'un ensemble de corpus relativement séparé des textes littéraires. Mais n'est-ce pas déjà projeter sur une époque qui l'ignorait une division typiquement moderne ? La philosophie de la codification ne porterait-elle pas partiellement la responsabilité du divorce entre droit et littérature, si toutefois on pouvait opposer ces deux termes ? Nous privilégions d'autres oppositions, plus opératoires : droit et fiction (qui peuvent certes se recouper), droit et morale (au sens où la seconde inviterait à aller au-delà du droit strict, de manière surérogatoire). Que l'opposition entre droit et littérature invite à lire les textes juridiques à la lumière de la littérature ou de la théorie de la littérature est salutaire, notamment pour le droit comparé. On peut cependant se demander si l'opposition entre droit et sens ne reconduit pas une opposition chrétienne entre la lettre qui tue et l'esprit qui vivifie. Alors que l'opposition chrétienne (telle qu'on la comprend parfois) engendre une morale ayant définitivement dépassé le droit, l'opposition entre droit et sens suppose que certains soutiennent que le droit est dépourvu de sens, ce qui reste à démontrer. Droit et littérature ? À condition de se souvenir que la catégorie de littérature est extensible à souhait et peu discriminante – et que les droits anciens contiennent également de nombreux genres littéraires, voire constituent toute une littérature.

CHAPITRE V

Logique juridique comparée

La logique juridique est composée de tous les éléments qui sont disponibles pour surmonter les problèmes créés par l'ontologique juridique, laquelle dépend étroitement de l'articulation des sources du droit et de la culture juridique. Si des éléments de logique juridique peuvent être greffés (voir *supra*, chap. III), ce chapitre-ci étudie des aspects de la logique juridique qui ne sont pas forcément l'objet d'emprunts.

I. – Herméneutique

La manière dont le juge – ou tout autre opérateur juridique – interprète le droit fait l'objet d'une opposition déjà ancienne, que l'on retrouve en droit américain : le formalisme serait la méthode des juges qui appliqueraient le droit au cas d'espèce en prenant bien soin de ne pas empiéter sur le rôle du législateur. Le juge formaliste n'interpréterait pas les règles, à moins que celles-ci l'exigent, selon le principe *interpretatio cessat in claris* : on n'interprète pas un texte déjà clair. Le formaliste annonce ainsi ne pas prendre de liberté avec le droit applicable. Dès les années 1920, le courant réaliste, influencé par des auteurs allemands, s'élève contre la prétention formaliste et dénonce des décisions judiciaires reposant sur une intuition (*hunch*) et dont la justification n'est trouvée qu'après coup. Le réaliste n'est pas dupe de la manœuvre à laquelle se prête le formaliste : il pense parfois ce dernier duplice. Le réaliste devine que le formaliste dispose en vérité d'un choix (presque) illimité, qu'il camoufle sous un style suggérant l'absence de choix. À chaque principe d'interprétation répond un principe inverse, comme l'a illustré Karl Llewellyn[1]. Cette opposition, créée par les réalistes, entre ces derniers et l'approche formaliste, pose un certain problème dans la mesure où le courant formaliste est, justement, une construction *a posteriori*, une caricature[2]. Si certains auteurs se réclament encore aujourd'hui du réalisme, personne ne se prévaut du formalisme sous sa forme caricaturale. En revanche, parmi les auteurs contemporains, on compte un spécialiste du réalisme américain s'inscrivant plutôt dans un « nouveau formalisme » : Frederick Schauer[3]. Selon cet auteur, le formalisme ne promeut pas une approche aveugle des textes,

1. K.N. Llewellyn, « Remarks on the Theory of Appellate Decision and the Rules or Canons about How Statutes Are to Be Construed », *Vanderbilt Law Review*, vol. 3 (1950), p. 395-406.
2. B.Z. Tamanaha, *Beyond the Formalist-Realist Divide. The Role of Politics in Judging*, Princeton et Oxford, Princeton University Press, 2010.
3. F. Schauer, *Penser en juriste. Nouvelle introduction au raisonnement juridique*, *op. cit.*

une application des règles coûte que coûte, mais consacre la présomption selon laquelle le juge est *censé* appliquer la règle sans l'interpréter. Cette présomption peut être renversée si suffisamment de raisons se trouvent réunies : le caractère véritablement absurde, insoutenable, inhumain de l'application de la règle est de nature à autoriser tantôt une non-application de la règle, tantôt son interprétation. Si cette présomption se manifeste dans plusieurs droits, voire dans tous, il reste possible et opportun de les comparer en fonction de la *force* de la présomption. Dans les systèmes littéralistes, renverser la présomption est plus difficile, donc moins fréquent. Les droits moins littéralistes admettent plus facilement ce renversement. En revanche, il ne semble pas exister de droit dépourvu de la possibilité de renverser cette présomption. En d'autres termes, le littéralisme que l'on associe à certains droits n'est vraisemblablement jamais total : il n'existe pas de courant littéraliste qui n'envisage également la possibilité de suspendre l'application littérale des règles.

Cette absence affaiblit donc considérablement les théories critiquant le littéralisme intransigeant, puisqu'il s'agit d'un sophisme de l'homme de paille, selon lequel la thèse qui est récusée n'est en réalité soutenue – ni soutenable – par personne. Le littéralisme se manifeste avec plus ou moins de vigueur, mais jamais totalement, si ce n'est dans l'esprit des détracteurs de tels faux ennemis.

En revanche, l'opposition entre le littéralisme (ou formalisme) fort, jamais total, et un anti-littéralisme (anti-formalisme) modéré touche chaque droit : dans chaque culture juridique, on trouvera sans difficulté des oppositions entre courants plus ou moins formalistes ou littéralistes, et, dans certains cas d'espèces, des oppositions entre approches plus ou moins formalistes ou littéralistes.

Le littéralisme est d'autant moins total qu'il est compatible avec une série d'artifices de lectures. Ainsi, le *reading in* est une technique consistant à plaquer – plus ou moins sciemment – sur un texte une signification qui n'était pas la sienne[1]. La technique du *reading down* sert plutôt à tordre ou à restreindre une signification afin, par exemple, de la rendre compatible avec une autre règle[2].

II. – Les motivations

Dès le XIXe siècle au moins, de nombreux pays imposent aux juges de motiver leurs décisions. Ces motivations des décisions de justice varient d'une juridiction à l'autre et d'un État à l'autre par leur forme et leurs fonctions. La fonction de base d'identifier la règle et d'instaurer un autocontrôle explique la brièveté des décisions de la Cour de cassation

1. D. Weiss Halivni, *Peshat and Derash : Plain and Applied Meaning in Rabbinic Exegesis*, New York, Oxford University Press, 1991, ainsi que R. Dekkers, *Le Droit privé des peuples. Caractères, destinées, dominantes*, *op. cit.*, p. 441. Ce dernier rapproche le *reading in* de l'allemand *hineininterpretieren*.

2. R.A. Edwards, « Reading Down Legislation Under the Human Rights Act », *Legal Studies*, 2006, p. 353-371.

française. Cependant, la décision remplit également d'autres fonctions, notamment pédagogique (expliquer aux justiciables pourquoi le litige a été tranché de telle façon), ou encore une fonction de vecteur de l'évolution du droit. De telles fonctions poussent des auteurs à réclamer une motivation plus argumentée, plus dialectique, moins lapidaire, moins apodictique, afin de révéler sinon tous les mobiles extra-juridiques (qui resteront encore longtemps difficiles à sonder), du moins les différents motifs de la décision[1].

III. – Présomption et fiction

La présomption et la fiction figurent certainement parmi les procédés les plus répandus, à tel point que l'on imagine difficilement un droit qui en serait dépourvu. De nombreux auteurs distinguent entre présomption et fiction, même si cette distinction n'emporte pas toujours la conviction. Parmi les présomptions, on distingue les présomptions humaines, produites par le juge, et les présomptions légales, issues des instruments législatifs, soit réfragables (renversables), soit irréfragables (non renversables). Cette terminologie permet de faciliter la comparaison entre différents droits. Par exemple, de nombreuses questions sont régies par une présomption, dont l'orientation

1. P. Deumier, « Repenser la motivation des arrêts de la Cour de cassation ? Raisons, identification, réalisation », *Recueil Dalloz*, vol. 35 (2015), p. 2022-2030.

modifie le droit applicable. Prenons le cas du don d'organe après la mort. On dispose d'au moins quatre possibilités : l'interdiction totale, l'autorisation totale, la présomption de consentement et la présomption de non-consentement. Si, dans les deux derniers cas, chacun a le droit d'autoriser ou d'interdire le don d'organe, le silence ou l'inertie ne profitent pas aux mêmes : si mon consentement est présumé, mon silence contribue à la multiplication des dons d'organes, et si mon refus est présumé, mon silence diminue le nombre de dons d'organes.

La fiction est souvent définie par le faux : elle contredirait la réalité, voire la réalité juridique. Cette définition permet de maintenir la distinction avec la présomption, qui reposerait sur le probable[1]. On trouve dans tous les droits des fictions – ce ne sont pas forcément les mêmes. D'une manière générale, on retiendra que la logique juridique de chaque culture comprend des méthodes de gestion de l'incertitude (présomptions) et de *torsion* des concepts juridiques (fiction, assimilation, analogie, réduction téléologique).

1. Pour une critique de cette approche sémantique et pour une perspective pragmatique, voir S. Goltzberg, « De quoi la fiction indique-t-elle l'absence ? », in A.-B. Caire (dir.), *Actes de colloque : les Fictions en droit*, Clermont-Ferrand, LGDJ, Lextenso Éditions, « Centre Michel-de-l'Hospital », 2015, p. 103-118.

IV. – Preuve

Administrer une preuve représente un enjeu dans chaque branche du droit. Le droit comparé peut lui-même faire l'objet d'une preuve : on parle dans ce cas de la preuve du droit étranger[1]. Si nous évoquons la preuve dans un chapitre sur l'herméneutique juridique, c'est parce qu'elle met en lumière le contraste entre argumentation juridique et argumentation de la vie quotidienne. En effet, nous sommes régulièrement témoins du scandale que constitue pour le grand public l'existence d'éléments de preuve tout à fait convaincants mais juridiquement irrecevables.

Il existe deux grandes théories ou conceptions de la preuve : la preuve libre et la preuve réglementée – ces deux catégories coexistant dans la plupart des droits. La théorie de la preuve libre, soutenue par Jeremy Bentham, autorise le juge à utiliser tous les éléments de preuve sans égard à un protocole particulier[2]. La théorie de la preuve réglementée soutient qu'un élément de preuve doit respecter une série de conditions pour être recevable. La manière

1. E. Vergès, G. Vial, O. Leclerc, *Droit de la preuve*, Paris, Puf, « Thémis Droit », 2015. Pour une série d'études à propos notamment du rôle de la preuve en argumentation juridique, voir C. Perelman et P. Foriers (dir.), *La Preuve en droit*, Bruxelles, Bruylant, « Travaux du Centre national de recherches logiques », 1981.
2. F. Schauer, « On the Supposed Jury-Dependence of Evidence Law », *University of Pennsylvania Law Review*, vol. 155 (novembre 2006), p. 169.

dont la preuve a été établie, par exemple, revêt une certaine importance, puisqu'une preuve illégalement produite se verra écartée, tout comme une preuve remontant au-delà d'une période donnée (prescription). La théorie de la preuve relève donc de la logique juridique. Elle détermine quelle preuve peut constituer un argument admissible devant une juridiction et quel élément, au contraire, peut être probant pour le profane sans l'être du point de vue juridique.

V. – *Loophole*

Le *loophole* n'est pas une simple lacune – que l'on *constate* –, mais une faille textuelle exploitée par les juristes les plus habiles, pour peu que la culture juridique tolère ce genre de procédés[1]. Typiquement, le *loophole* exploite une lacune ou une absence dans la loi ou un contrat.

Le droit anglais impose aux policiers de suivre un certain protocole lors de l'administration d'un éthylotest. Il est obligatoire de proposer les différentes techniques dans un certain ordre (d'abord souffler dans le ballon, ensuite, si cela n'est pas possible pour des raisons médicales, procéder à d'autres méthodes). Pour peu que cet ordre n'ait pas été respecté, certains avocats obtiennent gain de cause assez systématiquement. Or, il semble clair que l'ordre de ces opérations

---

1. Il existe une théorie non textuelle des *loopholes* ; voir L. Katz, « A Theory of Loopholes », *Journal of Legal Studies*, vol. 39 (2010), p. 1-31.

ne revêt pas un caractère crucial : si l'éthylotest ne fonctionne pas et si le policier exige immédiatement de procéder à un autre test, qui se révèle positif, on voit mal en quoi le fait qu'il n'ait pas respecté scrupuleusement la procédure change quoi que ce soit au fait que l'automobiliste ait été contrôlé positif. Ce dernier sera pourtant sorti d'affaire si son avocat maîtrise l'art des *loopholes* et s'il parvient à montrer que l'ordre dans lequel les tests sont proposés n'a pas été suivi[1].

Le droit talmudique interdit à un membre de la communauté juive d'être *propriétaire* du pain durant la fête de Pâque. Une technique consiste alors à vendre à une personne qui n'est pas juive le pain contenu dans les armoires et de lui racheter à l'issue de la fête. Ainsi, l'interdit est contourné, puisque le pain n'est plus – techniquement – sa propriété.

En droit musulman, on peut faire le vœu de ne pas utiliser un animal appartenant à une tierce personne. Si, en dépit de son vœu, un maître utilise le chameau de son esclave, certains sont d'avis qu'il n'a pas rompu son vœu, puisque son esclave ne *possède* rien véritablement[2].

On accepte d'autant mieux le *loophole* qu'il touche au droit pénal, réputé pour être de stricte interprétation non seulement depuis le XVIIIe siècle (Beccaria,

---

1. N. Freeman, *The Art of the Loophole : Making the law work for you*, Londres, Coronet, 2012.
2. R. Gleave, *Islam and Literalism. Literal Meaning and Interpretation in Islamic Legal Theory*, Édimbourg, Edinburg University Press, 2012, p. 129.

suivi de Feuerbach), mais déjà dans l'Antiquité et au Moyen Âge[1]. Puisque le juge ne peut étendre la portée des interdits, un comportement qui ne serait que superficiellement différent du comportement incriminé – différence cosmétique seulement – pourrait échapper à la sanction. Certes, la lecture littérale, stratégique, typique du *loophole*, existe dans de nombreuses cultures juridiques. Mais elle foisonne dans les droits particulièrement formalistes, comme le droit de *common law* ou le droit talmudique[2]. Les nombreux pays ayant subi l'influence du droit anglais ou américain témoignent d'une intériorisation de la technique du *loophole*. En Inde par exemple, une loi sur les déchets a eu des conséquences désastreuses sur l'environnement, en raison d'une faille dans la législation, faille dans laquelle se sont engouffrés des industriels pour déverser des déchets dans des zones à risque[3].

Certaines cultures se montrent plutôt intolérantes aux *loopholes* et autres contournements plus ou moins licites de la loi. En Allemagne, notamment, la législation interdit le contournement de certaines

---

1. J. Hall, « Nulla Poena Sine Lege », *Yale Law Journal*, vol. 47, n° 2 (1937), p. 165-193.
2. S. Goltzberg, « Le contournement de la loi est-il hypocrite ? Statut de la ruse dans la loi juive », *Cahiers philosophiques*, vol. 145 (2016), p. 97-110. E. Stein, *Rabbinic Legal Loopholes : Formalism, Equity and Subjectivity*, thèse de doctorat, Columbia University, 2014.
3. A.K. Wilson, « Hazardous & Solid Waste Dumping Grounds under RCRA's Indian Law Loophole », *Santa Clara Law Review*, vol. 30 (1990), p. 1043-1079.

règles[1]. Un principe issu du droit canonique interdit d'effectuer une action nuisible même si celle-ci n'est pas (explicitement) interdite[2].

1. E. Kurzynsky-Singer, « Das Verbot der Gesetzesumgehung im deutschen Recht als ein potentielles legal transplant », in E. Kurzynsky-Singer (dir.), *Transformation durch Rezeption ? Möglichkeiten und Grenzen des Rechtstransfers am Beispiel der Zivilrechtsreformen im Kaukasus und in Zentralasien*, Tübingen, Mohr Siebeck, 2014, p. 89-103.
2. *Certum est, quod is committit in legem, qui, legis verba complectens, contra legis nititur voluntatem*, « C'est pécher contre la loi que d'en suivre la lettre et d'agir contre son esprit » (*Regula iuris, 88*).

Conclusion

Si le droit comparé peut passer pour une branche du droit, il est tout autre chose : il s'identifie au droit. En effet, le juriste, naturellement, compare des cas, des règles, des branches du droit, des droits, des systèmes entiers. Il les compare à travers le temps et l'espace. Si la comparaison n'est pas le propre du juriste, tout juriste compare, ou s'appuie sur des comparaisons, dans toutes ses interventions. La comparaison est à ce point inhérente à l'activité du juriste qu'elle ne fait pas toujours l'objet de sa réflexion[1]. Le droit comparé lui-même ne devient une discipline à part entière qu'une fois que le geste de comparer différents systèmes commence à être problématisé – notamment par l'existence de systèmes distincts. Ainsi, l'identification du droit à celui d'un État-nation conduit les juristes à oublier que la comparaison (et l'emprunt) s'est pratiquée de tout temps et partout, si l'on admet que là où il y a société, il y a droit (*ubi societas, ibi ius*). Si le droit devient étatique, il convient de donner un nom à cette pratique étrange qui consiste à regarder ailleurs : le droit comparé est né – comme discipline à part entière.

1. X. Thunis, « Comparer : de la réaction spontanée à l'outil méthodique », *Annales de droit de Louvain*, vol. 66 (2006), p. 25-39.

BIBLIOGRAPHIE

Berman H.J., *Law and Revolution. The Formation of the Western Legal Tradition*, Cambridge (Massachusetts) et Londres, Harvard University Press, 1983.

Bobek M., *Comparative Reasoning in European Supreme Courts*, Oxford, Oxford University Press, 2013.

Bouabdallah S., *La Réception du modèle français en droit civil belge. Exemple d'un transfert de droit*, Bruxelles, Bruylant, 2014.

Brague R., *Europe, la voie romaine*, Paris, Gallimard, « Folio Essais », 1992.

Cabrillac R., *Droit européen comparé des contrats* (2012), Paris, LGDJ, 2016 (2e éd.).

Caenegem R.C. van, *Judges, Legislators and Professors*, Cambridge, Cambridge University Press, 1987.

Caenegem R.C. van, *European Law in the Past and in the Future : Unity and Diversity over Two Millennia*, Cambridge, Cambridge University Press, 2002.

Cairns J.W., « Watson, Walton, and the History of Legal Transplants », *Georgia Journal of International and Comparative Law*, vol. 41 (2013), p. 637-696.

David R., *Les Grands Systèmes de droit contemporains*, Paris, Dalloz, 1964.

Dawson J.P., *The Oracles of the Law*, Westport, Greenwood Press, 1968.

Ewald W., « Comparative Jurisprudence (II) : The Logic of Legal Transplants », *American Journal of Comparative Law*, vol. 43, n° 4, 1995, p. 489-510.

Frakes R.M., *Compiling the Collatio Legum Mosaicarum et Romanarum in Late Antiquity*, Oxford, Oxford University Press, 2011.

Géa F., *Contribution à la théorie de l'interprétation jurisprudentielle. Droit du travail et théorie du droit dans la perspective du dialogisme*, Clermont-Ferrand, Fondation Varenne, « Collection des thèses », 2009, 4 vol.

Gerkens J.-F., *Droit privé comparé*, Bruxelles, Larcier, « Collection de la faculté de droit de l'université de Liège », 2007.

Gleave R., *Islam and Literalism. Literal Meaning and Interpretation in Islamic Legal Theory*, Édimbourg, Edinburg University Press, 2012.

Glenn H.P., *Legal Traditions of the World. Sustainable Diversity in Law* (2000), Oxford, Oxford University Press, 2014 (5e éd.).

Goltzberg S., *Les Sources du droit* (2016), Paris, Puf, « Que sais-je ? », 2018 (2e éd.).

Grossi P., *L'Europe du droit*, trad. S. Taussig, Paris, Seuil, « Faire l'Europe », 2011.

Halpérin J.-L., *Profils des mondialisations du droit*, Paris, Dalloz, « Méthodes du droit », 2009.

Herzog T., *A Short History of European Law. The Last Two and a Half Millenia*, Cambridge (Massachusetts) et Londres, Harvard University Press, 2018.

Hirschl R., *Comparative Matters. The Renaissance of Comparative Constitutional Law* (2014), Oxford, Oxford University Press, 2016.

Hug W., « The History of Comparative Law », *Harvard Law Review*, vol. 45, n° 6, 1932.

Huxley A., « Jeremy Bentham on Legal Transplants », *Journal of Comparative Law*, vol. 2 (2007), p. 177-188.

Jestaz P., *Les Sources du droit*, Paris, Dalloz, « Connaissance du droit », 2015 (2e éd.).

Jonsen A.R. et Toulmin S., *The Abuse of Casuistry. A History of Moral Reasoning*, Berkeley, University of California Press, 1988.

Licari F.-X., *Le Droit talmudique*, Paris, Dalloz, « Connaissance du droit », 2015.

Maine H., *Ancient Law. Its Connection with the Early History of Society and its Relation to Modern Ideas* (1861), New York, Dorset Press, 1986.

Palmer V.V. (dir.), *Mixed Jurisdictions Worldwide. The Third Legal Family*, Cambridge et New York, Cambridge University Press, 2001.

Pargendler M., « The Rise and Decline of Legal Families », *American Journal of Comparative Law*, vol. 60 (2012), p. 1043-1074.

Prévost X., *Jacques Cujas (1522-1590), juriste consulte humaniste*, Genève, Droz, 2015.

Reimann M. et Zimmermann R. (dir.), *The Oxford Handbook of Comparative Law*, Oxford, Oxford University Press, 2006.

Renucci F., « David Santillana, acteur et penseur des droits musulman et européen », *Monde(s)*, vol. 1 (2015), p. 25-44.
Riles A. (dir.), *Rethinking the Masters of Comparative Law*, Oxford et Portland (Oregon), Hart Publishing, 2001.
Savigny F.C. von, *De la vocation de notre temps pour la législation et la science du droit*, trad. A. Dufour, Paris, Puf, « Léviathan », 2006.
Schauer F., *Penser en juriste. Nouvelle introduction au raisonnement juridique* (2009), trad. S. Goltzberg, Dalloz, « Rivages du droit », Paris, 2018.
Schiavone A., *IUS. L'Invention du droit en Occident* (2005), trad. G. et J. Bouffartigue, Paris, Belin, « L'Antiquité au présent », 2008.
Testart A., « La question de l'évolutionnisme dans l'anthropologie sociale », *Revue française de sociologie*, vol. 33, n° 2 (1992), p. 155-187.
Watson A., *Legal Transplants : An Approach to Comparative Law* (1974), Athens, University of Georgia Press, 1993 (2e éd.).
Watson A., *Sources of Law, Legal Change, and Ambiguity* (1984), Philadelphie, University of Pennsylvania Press, 1998.
Weber M., *Sociologie du droit* (1960), trad. J. Grosclaude, Paris, Puf, « Quadrige », 2013.
Wijffels A., *Introduction historique au droit. France, Allemagne, Angleterre*, Paris, Puf, « Thémis Droit », 2014 (2e éd.).
Zimmerman R., *Roman Law, Contemporary Law, European Law : The Civilian Tradition Today*, New York, Oxford University Press, 2001.
Zweigert K. et Kötz H., *An Introduction to Comparative Law* (1977), trad. T. Weir, Oxford, Oxford University Press, 1998 (3e éd.).

TABLE DES MATIÈRES

Composition et mise en pages
Nord Compo à Villeneuve-d'Ascq

Imprimé en France
par la Nouvelle Imprimerie Laballery
rue Louis Blériot 58500 Clamecy
août 2018 - N° 808183

La Nouvelle Imprimerie Laballery est titulaire de la marque Imprim'Vert®